高校图书馆信息建设与创新服务

王金玲◎著

吉林出版集团股份有限公司

全国百佳图书出版单位

图书在版编目（CIP）数据

高校图书馆信息建设与创新服务 / 王金玲著. -- 长春 : 吉林出版集团股份有限公司, 2023.4

ISBN 978-7-5731-3291-8

Ⅰ.①高… Ⅱ.①王… Ⅲ.①院校图书馆—图书馆服务—研究 Ⅳ.①G258.6

中国国家版本馆CIP数据核字(2023)第088290号

高校图书馆信息建设与创新服务

GAOXIAO TUSHUGUAN XINXI JIANSHE YU CHUANGXIN FUWU

著　　者	王金玲
出 版 人	吴　强
责任编辑	孙　璐　王　博
开　　本	710 mm × 1000 mm　1/16
印　　张	12
字　　数	180千字
版　　次	2023年4月第1版
印　　次	2023年8月第1次印刷
出　　版	吉林出版集团股份有限公司
发　　行	吉林音像出版社有限责任公司
	（吉林省长春市南关区福祉大路5788号）
电　　话	0431-81629679
印　　刷	三河市嵩川印刷有限公司

ISBN 978-7-5731-3291-8　　定　价　58.00元

前　　言

　　信息资源建设是图书馆和其他类型信息机构开展各项业务工作和服务工作的一项核心性、基础性工作。高校图书馆作为高等教育的重要信息中心，其主要任务之一是建设全校的文献信息资源体系，为教学、科研和学科建设提供文献信息保障，直接影响着高校办学水平和办学质量。特别是"双一流"建设的提出，为高校图书馆信息资源建设提供了新的机遇、提出了新的挑战。随着信息技术的发展、网络环境的形成和"互联网+"时代的到来，信息资源建设的理论体系、采访工作、组织管理、开发利用、资源评价、保障体系和共建共享等均发生了根本性变化。如何有效构建高校图书馆信息资源保障体系，最大限度地实现信息资源建设的共建共享等相关问题，一直是图书馆界积极研究的重要课题之一。

　　本书共七章，第一章对信息资源建设进行了阐述，第二章介绍了信息资源建设的理论基础，第三章对高校图书馆信息资源建设概况进行了说明，第四章介绍了高校图书馆信息化的相关技术，第五章介绍了高校图书馆自动化集成系统，第六章介绍了图书馆信息资源建设的组织管理，第七章对大数据在高校图书馆的应用进行了阐述。

　　作者在撰写的过程中参阅了大量有关高校图书馆信息资源建设与创新服务的书籍和期刊文献，同时为了保证论述的全面性与合理性，也引用了许多专家、学者的观点。在此向相关作者表示谢意。

　　由于作者水平有限，书中难免存在一些不足，欢迎广大读者予以批评指正。

王金玲

2023年1月

目　　录

第五章　高校图书馆自动化集成系统 ·············· 094

第一章　信息资源建设正确认知

随着科学技术的不断发展和进步，信息资源作为生产要素与社会财富，和能源、材料等物质资源一样，成为国家重要的战略资源，在社会资源结构中具有不可替代的地位，对社会经济发展起着重要作用。当今世界，谁掌握了更多的信息资源，谁就掌握了主动权，谁就拥有更多的话语权。因此，任何一个国家，其经济财富、政治实力、军事力量的增长，其科技水平、国民文化素养如何提高，都离不开信息资源的开发与利用。开发和利用信息资源的规模、水平与程度，也成为反映一个国家综合国力的重要标志。

第一节　信息、资源与信息资源的概念

一、信息

（一）信息的定义

从古至今，人类的生产、生活和学习一直与信息密切相关。整个人类的进化史也是一部人类信息活动的演进史。语言的诞生、文字的诞生、印刷术的诞生、电磁波的利用、计算机技术和互联网的应用这五次信息变革对人类社会的发展产生了巨大的推动力，为人类社会的发展带来了飞跃式的进步。随着大数据和"互联网+"时代的到来，信息已经深入到人类生产生活的各个领域，互联网上传输的一切数据、符号、图片、音像、信号、资料等都是信息，信息是一个无所不容的大集合体。

信息定义与信息相关理论，从相关研究者在通信领域创立"信息论"以来已有数十年历史，在此期间，信息概念已从狭隘的通信领域进入生产、生

活和科学研究等一切人类活动的更宽广的领域。与信息相关的新名词——信息爆炸、信息伦理、信息安全、信息技术革命、信息高速公路等已成为当代社会生活中的热门话题。

"信息"一词古已有之，在我国古代指的是"消息"，如唐代诗人李中在《暮春怀故人》中云"梦断美人沉信息，目穿长路倚楼台"。当今社会，"信息"概念无论是其内涵还是其外延都与以往的认知有很大不同。国内外学者从不同学科、不同领域、不同角度对信息所下的定义超过百种。例如：

哲学界认为，信息是系统有序程度的标记。信息是物质的一个重要方面，标志着物质的运动和变化的动态。信息是事物的一种普遍属性。

经济学界认为，信息是反映事物特征的形式，是与物质、能量并列的客观世界的三大要素之一。信息是管理和决策的重要依据。

新闻学界认为，信息是事物运动状态的陈述，是物与物、物与人、人与人之间的特征传输。新闻是信息的一种，是具有新闻价值的信息。

心理学界认为，信息不是知识，信息是存在于我们意识之外的东西，它存在于自然界、印刷品、硬盘以及空气之中；知识则存在于我们的大脑之中。信息是与不确定性相伴而生的，我们一般用知识而不是信息来减少不确定性。

图书情报学界认为，信息是读者通过阅读或其他认识方法处理、记录所理解的东西，它不能脱离外在的事物或读者而独立存在，它与文本和读者以及记录和用户之间的交互行为有关，是与读者大脑中的认知结构相对应的东西。

信息资源管理学界认为，信息是数据处理的最终产品，即信息是经过采集、记录、处理，以可检索的形式存储的事实与数据。

（二）信息的基本特征

1.信息具有客观性和普遍性

世界是物质的，物质是运动的。信息源于客观存在的物质运动。没有物质的运动，就不会产生信息。物质的客观性及其运动的普遍性决定了信息的客观性和普遍性。

2.信息具有存储性和传递性

信息必须依附于一定的载体才能流通和传递，否则，信息的价值就无法体现。人类可以用不同的载体存储信息，古代的龟甲、兽骨、器皿、玉石、绢帛、竹简、木片等都曾作为载体；现代用U盘、磁带、光盘、胶片等作为载体。信息的传递性指信息可以通过一定的载体从时间或空间上的某一点向其他点传递，在一定条件下可以不受时间和空间的限制，由远及近，由古至今。信息的传递手段是多种多样的，如古代用烽火传递外敌入侵的信息；而现代可通过电话、电视、网络等途径传递信息并且非常迅速。正是由于信息具有存储性和传递性，使得人类的文化遗产得到保存，人类文明得以延续，使我们能在前人智慧的基础上发展和创造新的人类文明。

3.信息具有时效性

信息的时效性指信息从发出、接收到利用的时间间隔及效率。信息是有寿命的，产生信息的物质世界和精神世界也是在不断变化的，而现有的信息只能反映它们在过去某个时刻的运动状态和形式，因此，这些信息的作用会逐渐降低，以至完全失去效用，这就是信息的时效性。

4.信息具有真伪性和可加工性

信息的真伪性是指信息对事物客观运动状态及方式描述的真实性、准确度。一个信息可能符合实际情况，也可能与实际情况不符。因此，在收集信息时要尊重事实，确保信息的真实性。信息的可加工性表现在两个方面：一是信息通过编码可进行转换，如将信息存储在计算机里转换成二进制代码，便于存储或处理；二是信息可以加工提炼，使杂乱无章、无法使用的数据变为有价值、有意义的可以利用的知识。

5.信息具有共享性和开发性

人们在进行物质交换时，一人所得必为另一人所失，而信息则不同。同一条信息在同一时间可以被许多人同时利用。信息可以被无限制地进行复制、传播或被分配给众多用户，为大家所共享，信息不会因为某个人的利用而消失。信息的共享性极大地提高了人类认识世界和改造世界的效率，节省了人力、物力和财力。信息又是一种可开发的宝贵资源，存储和传递信息的目的是开发信息资源，人们通过对信息资源的共享、利用和开发，促进科学技术和人类社会的进步与发展。

（三）信息的新特点

在大数据、云计算、"互联网+"时代，信息除了具有基本的特征外，还呈现出新特点：

1.信息的海量化

在现代科学技术迅猛发展的助力下，各种各样的信息传播载体与平台如报纸、杂志、电视、广播、互联网、智能终端等大量涌现，信息数量骤增，呈海量化发展趋势。

2.信息的微内容化

"微内容"是一个新兴词汇，它是网络中最小的独立内容数据，是互联网最为强大的新生力量和未来的价值所在。"微内容"指对一些至少拥有一个唯一编号，甚至在网络上至少拥有一个唯一的地址以及只含极少数中心概念的元数据和数据的有限汇集。

3.信息的双向交流性

通过网络这个平台，使信息既可读写又可相互交流，网页与用户之间的互动关系由传统的单向模式演变成双向交流的模式，用户的信息反馈可以随时进行，信息源也可以随时更新信息。

4.信息以用户为中心

互联网Web2.0技术是信息技术发展引发社会变革带来的面向未来、以人为本的创新模式，是由专业人员织网到所有用户参与织网的创新民主化进程的生动注释，即Web2.0的信息活动主要是围绕用户开展，以用户为核心。

5.信息的大众化和分散化

在大数据、云计算、"互联网+"时代，每个人不仅是网络信息的接收者，而且是网络信息的提供者和传递者。信息具有明显的大众化特点。信息的分散化是指信息通过网络等传播途径分布到这一途径可以延伸到的各个角落。

6.信息的语义化

即互联网出现了语义标注，它使用户访问大量的相关信息和聚合相关网页非常便利。

7.信息的碎片化

信息碎片化是信息爆炸的成因与显著体现，指人们通过网络传媒了解、阅读与以往相比数量更加巨大而内容趋向分散的信息，完整信息被各式各样的分类分解为信息片段。

8.信息类型多样化

在互联网发展初期，网络信息的表现形式一般以文本信息为主，图片信息为辅。随着网络技术的发展，目前网页的表现形式综合了文本信息和多媒体信息，信息类型包括文本、图形图像、声音、动画和视频等格式。

（四）信息的类型

信息广泛存在于自然界、生物界和人类社会。信息是多种多样的，根据不同的标准、从不同的角度划分信息的类型也是多方面、多层次的，了解信息的类型有助于我们加深对信息内涵及其特征的认识。

1.按信息内容即社会属性划分

按信息内容即社会属性划分，有社会化信息和非社会化信息。社会化信息是指在人类社会生产和生活实践中产生和应用的信息，即一切由人或最终由人创造或发现的具有社会价值的文化形态和观念形态。非社会化信息是一切物质系统所具有的自然信息，主要包括遗传信息等生物信息和天体宇宙等自然信息。

2.按信息形态划分

按信息形态划分，有文字信息、图像信息、语言信息、数据信息等。文字信息包括代码、符号、文字、字符等，是现实生活中使用得最多的一种信息类型。图像信息以图像、图形为主要表现形式。语言信息主要以声音的形式呈现，包括口头的交流、演讲和演奏等。数据信息以数据为主要表现形式。

3.按信息获取方式划分

按信息获取方式划分，有直接信息和间接信息。直接信息是从人们直接经验中，即从亲身实践中获得的信息。间接信息是从人们间接经验中，即通过他人的实践和认识成果获得的信息。

4.按信息存在方式划分

按信息存在方式划分，有内存信息和外化信息。内存信息是贮存在人的大脑，即体内载体中的信息，也可称为个人信息。外化信息是以符号形式存在，即存在于体外载体中的信息，也可称之为社会信息。外化信息可进一步划分为记录信息和非记录信息。记录信息是指那些记录在延时性物质载体上如纸张、石碑、磁带上的信息（以时间为重点的载体）。非记录信息是通过自然语言或表情、手势之类的肢体语言等即时性物质载体表现的各种信息（以空间为重点的载体）。

5.按信息传递范围划分

按信息传递范围划分，有公开信息（白色信息）、内部信息（灰色信息）和非公开信息（黑色信息）。公开信息是传递和利用范围几乎没有任何限制的信息。内部信息是指各单位在公务活动和内部管理中，不属于国家秘密的，未对外披露的信息。非公开信息是指传递和利用范用较小的内部信息和严格限制传递范围的秘密信息和不传递信息。

6.按信息加工程度划分

按信息加工程度划分，有零次信息、一次信息、二次信息和三次信息。零次信息是未经加工的零散的、不系统的原始信息，即第一手资料。一次信息是根据第一手资料创造、形成的初加工信息。二次信息（信息的信息）是在一次信息基础上加工整理形成的引导和使用一次信息的信息，是信息组织的结果。三次信息是根据二次信息提供的途径，获取并使用一次信息，结合其他零次信息，分析后综合形成的高层次信息组织的信息。

（五）信息的生命周期

信息和其他资源一样也有生命周期。一般商品的生命周期是研究、制造、应用和报废。信息的生命周期是指信息的采集、存储、加工和维护使用的整个过程，包括八个阶段：信息采集、信息组织、信息存储、信息传递、信息加工、信息利用、信息维护、信息归宿（存档或注销）。

1.信息采集

信息采集也就是信息获取，是指根据特定的目标和要求，将分散蕴含在不同时空域的有关信息通过特定的手段和措施采掘和汇聚的过程。信息采集是信息生命周期的第一个阶段。信息采集需要遵循五个原则：一是可靠性原则；二是完整性原则；三是实时性原则；四是准确性原则；五是易用性原则。信息采集的主要途径：查找现有数据、进行调查研究或实验观察。

2.信息组织

信息采集完毕之后，需要按照合适的形式进行信息组织。信息组织是指信息的有序化，即按照一定的科学原则和方法，通过对信息特征进行描述和有序化，实现无序信息向有序信息的转化，保证用户对信息的有效获取和利用。

3.信息存储

信息存储是指根据确定的信息需求，将有用的信息保存起来以备将来使用。信息存储需要解决的主要问题是确定存储信息的种类，以及确定信息的存储时间、存储方式、存储介质与设备等。

4.信息传递

信息传递是指将人们需要的信息从空间中的某一点传送至另一点，其核心问题是如何准确、迅速、安全、可靠地完成传输任务。信息传递受信息系统的规模、时空分布、所采用的信息传递技术与设备等因素影响。

5.信息加工

信息加工是指通过判别、筛选、分类、排序、分析和再造等一系列过程，对收集来的信息进行去伪存真、去粗取精、由表及里、由此及彼的加工过程，使收集到的信息成为能够满足用户需要的有效信息。信息加工的基本内容包括：信息的筛选和判别、信息的分类和排序、信息的计算和研究、信息的著录和标引、信息的编目和组织等五方面内容。信息加工是信息利用的基础，也是信息成为有用资源的重要条件。

6.信息利用

信息从采集、组织、存储、检索到传递和加工，其最终目的是使信息能够满足利用的需要。信息利用主要包括两方面内容：一是技术；二是如何实现信息价值转换。其中，技术方面主要解决的是如何快速、及时、高质量地将信息提供给用户。实现信息价值转化是信息利用的关键，其主要目的是使信息给生活、工作和学习带来好处，为主体带来利益。

7.信息维护

信息的维护是为保持信息处于有效利用状态所进行的所有活动，其主要目的是保证信息的准确性、可靠性、及时性和安全保密性。

8.信息归宿（存档或注销）

当信息经过保存、利用、维护一段时间以后，企事业单位就必须制定出科学、明确的相关制度和规定，确保对有保存必要的信息或没有保留价值的信息进行存档或注销处理。

信息生命周期体现了信息运动的自然规律，涵盖信息从创建到被存档或失去效用价值所经历的各个阶段和整个过程。信息的生命周期是一个动态的不断发展的过程，信息生命周期的各个环节可以按照时间序列呈现，也可以以不同的顺序同时、重复或部分地呈现。对信息生命周期的认识有助于人们增强对信息资源管理理论的理解。

（六）信息化与信息社会、后信息社会

1.信息化

信息化是当今社会的一种新型生产力。它是指培养、发展以计算机为主的智能化工具代表的新生产力，并使之造福于社会的历史过程。智能化工具又称信息化的生产工具，它一般必须具备信息获取、信息传递、信息处理、信息再生和信息利用的功能。与智能化工具相适应的生产力，称为信息化生产力。智能化生产工具与过去生产力中的生产工具不一样的是，它不是一件孤立分散的东西，而是一个具有庞大规模的、自上而下的、有组织的信息网络体系。这种网络性生产工具将改变人们的生产方式、工作方式、学习方式、交往方式、生活方式和思维方式等，将使人类社会发生极其深刻的变化。

2.信息社会

信息社会也称信息化社会，是指在广阔的领域里和深入的层次上，以运用信息化的理论、方法和技术处理实际问题为主要特征的社会。在农业社会和工业社会中，物质和能源是主要资源，所从事的是大规模的物质生产；而在信息社会中，信息也成为重要的资源，以开发和利用信息资源为目的的信息经济活动迅速扩大，逐渐成为国民经济活动的重要内容。

3.后信息社会

后信息社会，又称比特时代或数字化时代，是继工业时代和信息时代之后的又一个新时代。

后信息社会的根本特征，是实现了"真正的个人化"，一是个人选择丰富化；二是个人与环境能够恰当地配合。在后信息社会里，机器对人的了解程度不亚于人对人的了解程度；不存在时空障碍，人们可分散在多处工作和生活。后信息社会的数字化生存将使人获得最大程度的解放；电子网络和个人电脑将分散权力或者说赋予个人最大权力；信息技术使民族、国家界限模糊，人类将走向全球化。后信息社会是以合作替代冲突，追求普遍和谐的时代。

二、资源

（一）资源的定义

信息资源是将信息和资源两个概念整合后形成的新概念。

早期人们对资源的理解多数是指自然资源和物质资源。随着时间的推移，人们对资源的认识也在不断发生改变。人们对资源的理解和认识经历了自然资源—物质资源—物质与非物质资源的过渡。在理解资源时，应该把握以下三点：

首先，资源必须具有有用性，这是资源的第一属性，即在不同的时间和空间范围内对人类具有直接效用，能够产生经济价值。

其次，资源的第二属性是广泛性和可开发性。任何物质和能量等只有积蓄到一定程度，并蕴藏着极大的潜在价值和开发价值时才能被称为一种资源。

最后，资源是一个集合的概念，只有达到一定的量才能成为资源。

（二）信息成为资源的条件

信息成为资源是有条件的，这个条件又分为充分条件和必要条件。信息成为资源的充分条件是：首先，经过有序化处理的真实、准确的信息才能成为资源；其次，从资源开发利用的角度来讲，信息需要具备一定的富集度。信息成为资源的必要条件是：首先，信息必须是可以为人类创造财富和提供福利的；其次，信息可以通过人类活动被识别或被检测到。

不同的用户在不同的时间和地点要完成不同的问题和任务，对信息的需求是不相同的。同样的信息因不同的用户在不同的时间和地点要完成不同的问题和任务，其有用性和价值也会不同。所以，信息能否成为资源也受上述条件的影响。

信息作为一种排列成有意义形式的数据的集合，其本身不是资源，只有在对其实施组织管理后才能具备成为资源的条件。信息资源是经过人类开发和组织的信息的集合，它不仅指信息的本身，而且包括人类信息活动中的相关要素。

信息要成为可以利用的资源，必须对信息进行采集、识别、挑选、分类、编码、组织、存储、检索、传递、分析、理解、积累和维护。也就是说，信息必须经过开发才能成为有用的资源。开发信息资源需要投入大量的人力、物力和财力。开发过程中做的有用功越多，开发出的信息资源的价值就越大。

三、信息资源

（一）信息资源定义

信息资源是图书馆界信息资源建设领域最基本的概念之一，是信息资源采访的直接对象。它是随着20世纪70年代国外信息资源管理理论的兴起而产生的，在我国则是在20世纪80年代中期以后才开始流行的。然而，由于各个不同学科或同一学科的不同学者对信息资源的理解存在各种差异，导致国内外关于"信息资源"一词的定义众说纷纭，尚未形成统一的看法。

从广义的角度来理解信息资源的概念，即把与信息活动相关的各种要素包括信息生产者、信息技术、信息设施、设备、资金等都纳入信息资源的范畴，有助于全面、系统地把握信息资源的内涵。它强调信息资源是经过人类开发与组织的信息集合，信息只有在被加工后才具备成为资源的条件；强调信息要素价值的实现离不开信息生产者、信息技术等信息活动要素的综合作用。这也正是信息资源与自然物质资源的区别。但是，针对不同的研究对象或问题，对信息资源这个概念，既可以从广义上使用，也可以从狭义上使用。因此，我们认同对信息资源在广义上的理解，但本书在讨论信息资源建设时所使用的信息资源概念，主要是狭义上的，即将信息资源界定为是经过人类筛选、组织、加工，并可以存取和能够满足人类需求的各种信息的集合。

（二）信息资源的属性

1.从信息的角度来看，信息资源具有以下三种属性

（1）知识性。信息资源是人类在认识世界和改造世界过程中的精神产物，它总是建立在不断地继承和借鉴前人认识世界和改造世界的成果之上。一方面，信息资源的产生、发展、开发和利用等始终离不开人类的脑力劳动，人类智慧的高低决定着信息资源质量的高低和数量的多少；另一方面，信息资源凝聚着人类的智慧，积累着人类社会认识世界和改造世界的知识，一定的信息资源总是反映着一定社会和一定地区的知识水平。

（2）有限性。一方面，信息是普遍存在的、无限的，而信息资源则是经过人类选择的或供人类利用的有用的那一部分；另一方面，相对于人类社会的信息资源需求来说，信息资源是有限的。

（3）有序性。信息资源是经过人类加工、组织的、有序化的、可存取的信息的集合，因此，信息资源又具有有序性。

2.从资源的角度来看，与自然资源相比，信息资源具有以下四个属性

（1）再生性。信息资源在绝大多数情况下必须依附于一定的物质载体之上才能保存、传递和利用，但信息资源本身并不会因为其附着的物质载体的自然消亡而消亡，也不会因为曾经被人利用过而消失，只要有合适的载体，信息资源可以被反复利用、复制、传递和再生。从这个角度来说，信息资源具有再生性。

（2）共享性。由于信息资源可以多次反复地被不同的人利用，在利用过程中信息不会被消耗掉，反而会不断地得到扩充和升华。在理想条件下，信息资源可以反复交换、多次分配、共享使用。

（3）人工性。自然资源可以不需要经过人工干预而存在，信息资源则不同。只有经过人类开发和组织的信息的集合才可能成为信息资源，信息资源的生产、形成、收集、组织、建设和开发利用都离不开人类的参与。

（4）扩散性。信息资源经由特定的渠道，在时间和空间上进行传播，可以为不同的人们所利用。信息资源的扩散性与信息传递技术密切相关，即

传递技术发展越快，信息资源传播的速度就越快，人们利用信息资源的速率就越快。

（三）信息资源化的背景和成因

信息资源化既有其社会经济发展的大背景，又有与之相伴的人类认识演变和深化的原因，同时也是各国政府政策层面支持的结果。

1.社会经济增长方式的转变是信息资源化的主要动力

在信息社会之前，社会经济的增长方式是依靠开发利用自然资源。在农业社会，土地是主要的生产资料，农民是经济发展的驱动者。到了工业社会，工人是经济发展的驱动者，自然资源不仅限于土地，而且扩展到煤、石油等矿产资源，经济增长主要依靠金融资本和自然物质两大战略资源。尽管那时的经济得到空前发展，但是以物质和能源的消耗为代价的经济增长是不可能一直持续的。相反，信息和知识资源的开发与利用却是无限的。人们通过挖掘信息，将其升华为知识的创新活动将是唯一可以促进经济可持续发展的驱动力。人类进入信息社会以来，形成了以创造型信息劳动者为主体，以电子计算机等新型工具体系为基本劳动手段，以再生性信息为主要劳动对象，以高技术型中小企业为骨干，以信息产业为主导产业的信息生产力。信息资源从生产力诸因素中分离出来，成为推动生产力增长的主要原因，成为驱动社会经济发展十分重要的资源。

2.人类对资源认识的演变和获取资源能力的提高是信息资源化的直接原因

"任何东西在被归为资源之前，必须满足两个前提条件：首先，必须有获得和利用它的知识和技能；其次，必须对所产生的物质或服务有某种需求。因此，正是人类的能力和需要，而不仅仅是天然的存在，创造了资源的价值。"人们现在把铁矿当成"资源"，是因为人们认识到铁矿能被加工成各种工具和机器，且具有采掘、运输以及利用它的手段。人类对信息资源的认识也是逐渐深化的。在生产力低下、科学技术落后的社会，人们是不可能从"资源"的角度来认识信息的。只有当信息、知识作为生产力，对推动社会和经济的发展所产生的巨大作用越来越被人们清楚地认识到的时候，只有当以计算机和网络为核心的现代信息技术为信息的充分开发和利用提供了前所未有的技术基础和条件的时候，信息才会成为能给社会创造巨大财富的重要资源。

3.信息的积累和增长为信息资源化提供了保障条件

信息资源是有用信息的集合。只有当信息达到一定的丰富度和凝聚度时，信息才有可能成为信息资源。近几十年来，各种形态的信息以指数方式急剧增长并迅速积累。而知识老化的平均周期也日益缩短。如此庞大且迅速增长的信息量，为信息的资源化提供了基本的保障条件。

第二节　信息资源的类型、功能与发展趋势

一、信息资源的类型

信息资源的划分标准是多种多样的，依据不同的划分标准，可将信息资源划分为不同的类型。依据我国有关学者的研究，按照信息资源的存在状态，将信息资源划分为潜在信息资源和现实信息资源两大类。而现实信息资源是人们研究、开发和利用的主要内容，因此，依据其载体，又将现实信息资源划分为体载信息资源、实物信息资源、文献信息资源和网络信息资源四种类型。笔者认为，网络信息资源应归入数字化信息资源中，现实信息资源应划分为体载信息资源、实物信息资源、文献信息资源和数字化信息资源四种类型。

（一）体载信息资源

体载信息资源指以人体为载体并能为他人识别的信息资源。按其表述方式，体载信息资源可分为口语信息资源和体语信息资源。口语信息资源是人类以口头语言表述出来，但被记录下来的信息资源，如谈话、授课、讲演、讨论、唱歌等。体语信息资源是以人的体态表述出来的信息资源，如表情、手势、姿态、舞蹈等。

（二）实物信息资源

实物信息资源指以实物为载体的信息资源。依据实物的人工与天然特性，可将实物信息资源分为以人工实物为载体的人工实物信息资源和以自然物质为载体的天然实物信息资源。人工实物信息资源包括产品、样品、样机、模型、雕塑等。天然实物信息资源包括各种地质剖面、海岸线的形态等。

（三）文献信息资源

文献信息资源指以文献为载体的信息资源。依据其记录方式和载体材料，文献信息资源可分为刻写型、传统型、缩微型、视听型四种类型。

1.刻写型文献信息资源

刻写型文献指以刻画和手工书写为手段，将知识信息内容记录在各种自然物质材料和纸张等不同的载体上而形成的文献，如古代的甲骨文、金文、简策、帛书以及现代的笔记、手稿、书信、原始档案、会议记录等。刻写型文献中有许多稀有和珍贵的文献信息资源。

2.传统型文献信息资源

传统型文献是以纸张为载体，以油印、石印、胶印、铅印和复印等印刷方式记录信息和知识而形成的一种文献形式。它已有悠久的历史，目前仍然是占主导地位的知识信息载体。它的突出优点是便于阅读，可直接、任意翻阅，可在任何场合下并且不需要借助任何设备阅读；缺点是体积大，信息存储密度低，收藏占用空间大，存储时间受限，难以实现信息自动化和高速度传递。

按照出版形式和内容不同，传统型文献还可划分为图书、连续出版物、特种文献和其他资料。

（1）图书

图书指以印刷方式或其他方式单本刊行的出版物。包括专著、汇编本、多卷本、丛书等。图书是记录和保存知识、表达思想、传播信息的最基本手段，是一种重要的信息来源，其特点是内容比较系统、全面、成熟、可靠，是系统掌握各学科知识的基本文献。但图书的出版周期较长，知识的新颖性不够。

图书按其用途分为阅读图书、参考工具书和检索用书。阅读图书包括教科书、专著、文集等；参考工具书包括字典、词典、百科全书、年鉴、手册等；检索用书包括以图书形式刊行的书目、题录、文摘等。图书的外部特征主要有：书名，编（著）者，出版者，出版地，出版年，版次，国际标准书号等。

（2）连续出版物

连续出版物是一种具有统一名称、固定版式、统一开本、连续编号，汇集多位著者的多篇著述，定期不定期编辑发行的出版物。例如：杂志、报纸、年刊（年鉴、行名录等）、各种机构的报告丛刊和会志、会议录丛刊以及单行本的丛书等。其中，期刊（杂志）和报纸是连续出版物中的主要类型。

期刊又称杂志，是"一种以印刷形式或其他形式逐次刊行的，通常有数字或年月顺序编号，并打算无限期地连续出版下去的出版物"。其特点是出版周期短，传递信息速度快，内容新颖，发行及影响面广，具有很强的连续性，能及时反映相关领域中的新成果、新水平、新动向。期刊按内容性质可分为政论性期刊、学术性期刊、技术性期刊、科普性期刊、综述与述评性期刊和检索性期刊等类型。期刊的外部特征主要有：刊名、出版者、年卷（期）号等。

报纸是指以刊载新闻和评论为主的出版周期最短的定期连续出版物。它有固定名称、开本，有年、月、日、期号、顺序号等。其特点是出版周期更短，传递信息更快，传播面更广，报道各领域的新成果和新发现更及时。报纸按内容可分为时事政治类、科技类、商业类、文教类等类型。

（3）特种文献资料

特种文献是指出版发行和获取途径都比较特殊的科技文献。特种文献特色鲜明、内容广泛新颖、类型复杂多样、数量庞大，涉及科学技术、生产生活等各个领域，现实性强、情报价值高，从不同角度反映了当今科技领域的发明创造、最新水平和发展趋势，出版发行无规律，有的文献有一定的保密性，收集比较困难。特种文献主要包括以下几种类型：

①科技报告。科技报告是关于科学研究的阶段性进展总结报告或研究成果的正式报告。其特点是每篇报告单独成册，有机构名称与统一编号，内容专深具体，大多数与政府的研究活动、国防及尖端科技领域有关，有一定保

密性。科技报告所报道的研究成果一般经过有关部门的审查和鉴定，所反映的技术内容较为成熟，数据较为详尽可靠，情报价值高，并且科技报告出版快，报道研究成果及时。因此，科技报告是一种重要的信息源。

科技报告按存储方式，可分为报告书、技术札记、论文、备忘录、通报、技术译文等；按报告所反映的研究进展程度，可分为初步报告、进展报告、中间报告和终结报告等；按流通范围，可分为绝密报告、机密报告、秘密报告、非密报告、解密报告和非密限制发行报告等。

②政府出版物。政府出版物是各国政府部门及其所属专门机构编辑并授权指定出版商出版的文献，包括政府工作报告、政策法令、规章制度、会议纪要，以及调查统计资料等。政府出版物可分为行政性文件和科技性文件两大类。政府出版物对于了解各国的政治经济、科学技术的方针政策及其发展状况具有重要意义，因此，这类文献具有极高的权威性。

③会议文献。会议文献是指在国内外各种学术会议上宣读或交流的论文、报告及其他有关资料，包括会前、会中和会后文献。会议文献一般都要经过学术机构的严格挑选，代表某一学科领域的最新研究成就，反映该学科领域的最新研究水平和发展趋势。会议文献分为预印本和会议录两种类型。会议文献同样受到信息网络化、电子化的冲击，会议文献的收集比原来要更容易获取，会议结束后，会议文献一般都会供与会者下载。同时，数据库商也会及时收集会议文献并进行更新，提供给购买数据库的用户。

④专利文献。专利文献是实行专利制度的国家及国际性专利组织在审批专利过程中产生的官方文件及其出版物的总称。它包括专利说明书、专利公报、商标、设计公报以及检索专利的工具。专利文献具有编写格式统一、出版快、技术性强、实用性强且具有法律效力等特点。它是集技术、法律和经济于一体的带有启发性的一种重要文献。

⑤标准文献。标准文献是指经公认的权威机构（一般为各国国家标准局）批准的，以文件形式固定下来的标准化工作成果。各种标准一旦形成并经审批公布，便成为法规性的技术文件，具有一定的法律约束力。标准文献按使用范围可分为：国际标准、区域性标准、国家标准、专业标准和企业标准等五大类型。标准文献主要特征有：标准号，标准名称。

⑥学位论文。学位论文是高等院校、科研机构的毕业生、研究生为获取

学位而撰写提交的学术论文。按学位不同又分学士论文、硕士论文和博士论文。学位论文的水平差异较大，但探讨的问题比较专一，硕士和博士论文具有一定的学术性、独创性、系统性和完整性，是情报价值较大的一次文献。学位论文属于非卖品，除少数能公开发表外，通常只保存在授予学位单位的图书馆。

⑦产品资料。产品资料是指国内外生产厂商或经销商为推销产品而印发的关于产品的结构、原理、操作方法、维修方法的详细介绍资料。其主要包括产品目录、产品样本、产品说明书、产品手册等。通过这些产品资料可以较全面地了解产品的性能、构造原理、用途、操作方法等，所反映的技术比较成熟，数据比较可靠，并有较多的外观照片、结构图，直观性强，出版发行迅速。对技术人员在产品设计、造型、试制、改造以及引进国外技术设备方面具有参考价值。

（4）其他资料

其他材料主要指档案资料、舆图、图片和乐谱等资料。档案资料包括文书档案和科技档案，是记录各种事实进行过程的卷宗材料，有一定的保密性。舆图包括地图、地形图、地质图、行政区划图、各种教学挂图等。图片包括各种新闻照片、美术作品等。乐谱指单张活页式音乐曲谱艺术作品。

3.缩微型文献信息资源

缩微型文献信息资源主要指缩微资料，它是以感光材料为载体，利用摄影技术将手写和传统型文献缩摄，形成新的文献。缩微资料按其外形可分为缩微胶片、缩微胶卷、缩微卡片等。它的优点主要是体积小，重量轻，存储密度高，便于收藏，生产迅速，成本低廉；缺点是使用不太方便，需借助缩微阅读机才能阅读，阅读效果不如印刷品，保存与使用条件严格，设备费用投资较大。

4.视听型文献信息资源

视听型文献信息资源主要指视听资料，又称声像文献。它是以电磁材料为载体，以电磁波为信息符号，借助特殊的机械装置，将声音、文字及图像记录下来的一种动态型文献。视听资料按人的感官接收方式又可分为三种类型：一是视觉资料，包括照相底片、摄影胶卷、幻灯片、传真照片、无声录像带、有声影片等；二是听觉资料，包括唱片、录音带等各种发声记录资料；三是音像资料，能同时显像发声的记录资料，如有声影片、电视片、配音录像带等。视听资料的优点是动静交替、声情并茂，形象逼真，表达力强，存储信息密度高，可以提高人们对信息知识的理解、吸收和记忆能力。它的缺点是同样需要借助于一定的设备才能阅读。

（四）数字化信息资源

数字化信息资源是指所有以数字形式把文字、图像、声音、动画等多种形式的信息存储在光、磁等非纸质的载体中，以光信号、电信号的形式传输，通过网络通信、计算机或终端设备再现出来的信息资源。随着互联网的发展，数字化信息资源可划分为网络信息资源和单机信息资源。

1.网络信息资源

网络信息资源是指借助于计算机网络可以获取和利用的所有信息资源的总和。从信息资源建设的角度来看，网络信息资源不是一个物理概念，也不是独立存在的实体，而是一个跨国家、跨地区的信息空间，一个网络信息资源库。

2.单机信息资源

单机信息资源是指一切本地的数字化信息资源的统称。单机信息资源是通过计算机存储和阅读，但不在网络上传输的数字化信息资源，人们常称之为机读资料。它与网络信息资源的区别在于其存储的空间范围。随着计算机存储设备容量的不断扩大以及计算机网络技术的不断发展，计算机间的透明访问越来越多，这两类信息资源的差别也越来越小。单机信息资源也有很多种类型，常见的有本地文件系统、本地光盘系统、本地数据库等。

二、信息资源的功能

根据信息资源在社会经济活动中利用的过程和发挥作用的特点，信息资源的主要功能表现在以下四个方面：

（一）经济功能

信息作为重要的经济资源，它本身就具有经济功能，而它对社会生产力系统的作用功能是经济功能中最重要的方面。信息是社会生产力的重要构成要素，通过改进生产关系及上层建筑的素质与协调性来施加其对生产力的影响，表现在：信息要素的注入有助于提高生产力系统中劳动者的素质，缩短劳动主体对客体的认识及熟练过程；信息要素通过与生产力系统中的不同决策管理层的相互作用，提高生产力系统运行的有序度；信息要素的投入还有助于引发对生产过程、生产工具、操作方法和工艺技术等的革新与创造，提高生产力系统的质量与效率。

信息资源还具有直接创造财富、实现经济效益放大的功能。其主要途径可以归纳为：运用信息可以使非资源转化为资源创造财富；使用信息助力劳动力、资金、材料等资源创造财富，实现经济效益增长；直接让信息作为商品在市场流通中创造财富；通过现代信息技术缩短信息流动时间，实现财富增值；运用信息资源扩大财富增值空间创造财富；通过信息自身的积累，增值创造财富；通过信息进行科学决策，减少失误创造财富。

（二）管理与协调功能

在人类社会中，物质流和能源流的运动是借助信息流来控制和管理的，使其发挥最大效益。在企业中，信息的管理与协调功能主要表现为协调和控制企业的人、财、物、设备和管理方法，以实现企业的目标。信息资源可以传递整个企业系统的运行信息，有效管理各项资源；可以调节和控制物质流与能源流的数量、方向和速度；传递外界对系统的作用，保持企业系统内部环境的稳定。

（三）选择与决策功能

信息的选择与决策功能广泛作用于人类选择与决策的各个环节。没有信息，就无任何选择和决策；没有信息的反馈，选择和决策就无优化可言。信息反映了事物演变的历史和现状，隐含着事物的发展趋势。充分利用信息，结合人们的经验，运用科学的方法，经过推理和逻辑判断，可以对被研究对象未来发展的必然趋势和可能性做出预计、推断和设想。

（四）研究与开发功能

在人类科学研究和技术创新活动中，信息具有活化知识、生产新知识的功能。在人类从事科学研究和技术开发的各个阶段，都需要获取和利用相关信息，掌握方向，开阔视野，启迪思维，生产出新知识、新技术和新产品。

三、信息资源的发展趋势

20世纪50年代以来，科技进步日新月异，科研成果批量涌现，由此而产生的信息资源增长速度之快、积累规模之大、传播范围之广、包含内容之丰富、作用影响之深远是前所未有的，信息资源呈现出以下几方面发展趋势：

（一）信息资源数量剧增、形式多样

近几十年来信息资源产生和积累的数量与速度是非常惊人的。信息资源的形式也趋于多样化。文献信息资源的主要形式有图书、期刊、报纸、会议文献、专利文献、标准文献、学位论文、政府出版物、产品资料等。数字化信息资源的形式也多种多样，包括联机馆藏目录、电子书刊、参考工具书、电子公告、电子邮件、各种类型的数据库等。

信息资源数量的急剧增长、形式多样，为信息资源建设提供了丰富的信息源，但也给信息的鉴别、选择、采集、组织、加工带来了困难。

（二）信息资源交叉分散、老化加快

现代科学技术在学科分化和专深化的同时，由于学科之间的相互应用、渗透而趋向综合化，产生了许多交叉学科和边缘学科，如神经化学、微生物化学、食品化学、环境化学等。这种趋势使各学科信息在内容结构上产生了交叉。虽然学科越分越细，导致每一研究领域变窄了，但是科学整体化的趋势却使某一专业工作者需要涉猎更为广泛的知识领域，而许多科学技术的交叉应用与渗透，造成了与某专题有关的信息往往非常分散，不易收集。

信息资源的老化是指信息资源使用价值的减少或使用必要性越来越小。

随着科学技术的迅猛发展，新理论、新观点、新技术、新成果层出不穷，更新迅速，信息与知识的新陈代谢频率加快。信息资源老化是一种客观存在的社会现象，也是信息资源发展的一个不可避免的趋势。

（三）信息资源繁杂无序、价值各异

信息资源的繁杂无序突出表现在网络信息方面。由于因特网是在自愿的基础上，将不同的网络连接而成的，对网络信息资源的组织管理并无统一的标准和规范，网络信息呈全球化分布结构，信息资源分别存储在不同国家、不同地区的服务器上，不同的服务器采用不同的操作系统及数据结构，字符界面、图形界面、菜单方式、超文本方式等缺乏集中统一的管理机制。在因特网上，信息地址、信息链接、信息内容也处于经常性的变动之中，信息资源的更迭、消亡无法预测。因此，从整体上看，网络信息资源尚处于无序状态中。

网络信息的发布也具有很大的随意性和自由度，缺乏有效的过滤、质量控制和管理机制，正式出版物和非正式出版物交织在一起，学术信息、商业信息以及个人信息混为一体，信息质量良莠不齐。传统型信息资源的出版一般都有比较规范和严格的质量评审机制，因此，信息的价值较高。而网络信息资源内容繁杂、缺乏规范、精准度低，实际上只有一部分网络信息资源能够真正应用于信息服务之中。

（四）信息资源的商品化、产业化发展迅速

在市场经济条件下，市场经济对资源的配置功能要求信息资源作为一种生产要素、一种商品进入到市场流通中，对微观经济主体的经济活动起支配作用，也要求信息作为宏观调控的决策支持、反馈与控制支持。信息资源的商品化，是经济发展的客观要求。信息资源的商品化有利于信息资源市场的形成与发展，也有利于促进信息产业的发展。信息资源产业已成为促进社会经济增长最快的产业之一，因此，各国纷纷采取措施，大力促进信息资源产业的发展。我国信息资源产业的市场规模扩张迅速，信息资源产业产值在国民经济中所占的比重逐年增加，信息资源产业的从业机构和从业人员数量越

来越多。信息资源产业的发展得到了政府的高度重视，将培育信息资源产业作为经济结构调整和转变经济增长方式的重要内容。

（五）信息资源数字化、网络化趋势增强

随着科学技术的发展，计算机的性能不断提高，运算速度越来越快，这为信息资源的数字化发展提供了更强的技术支持。同样，信息资源的存储技术正以前所未有的速度迅猛发展。硬件技术的提升大大加快了信息资源向数字化转变的速度。

信息资源数字化和网络的发展是密不可分的，数字化的目的就是使信息资源网络化，充分发挥其共享性。由于信息资源的网络化使得信息资源时效性增强，内容生动丰富，信息容量大，易共享和复制，便于用户检索和利用，因此，越来越多的人愿意通过网络获取自己想要的信息资源。由此可见，信息资源的数字化、网络化是信息资源发展的必然趋势。

（六）信息资源的服务特点、服务策略呈新态势，新型服务平台正在形成

信息资源的服务特点要符合"七个合适"。在网络环境下，一方面，用户要求随时随地享受服务、满足需求；另一方面，提供者也可以做到随时随地提供服务，满足用户的需求。因此，由合适的人以合适的方式和合适的价格（成本），在合适的时间和合适的地点，将合适的内容提供给合适的人，这七个"合适"已成为信息资源服务共同追求的目标。

信息资源的服务策略体现了"优、特、精、快"的特点。在信息资源行业，随着竞争激烈程度不断升级，信息资源提供者将依次采取"人无我有、人有我优、人优我特、人特我精、人精我快"的战略，以便在信息服务行业中占据主导地位。

信息资源新型服务平台正在形成。由于信息资源的数字化程度日益提高，网络资源的极大丰富，网络传输和信息处理技术的快速发展，以网络为平台的信息服务环境正在形成。其特点包括：以分布分层为特征进行资源组织的信息服务体系大量出现，具有互通、互联和互操作能力的网络信息服务

成为潮流，网络信息联合作业平台，指引服务平台，与个性化服务平台相互结合、相互促进，并形成了全球化扩散态势。

第三节　关于信息资源建设

一、信息资源建设的概念

信息资源建设这个概念于20世纪90年代中期才开始在我国广泛使用，目前，国内学术界对信息资源建设概念的理解还不能达到完全一致，主要有以下两种理解。

（一）情报学界对信息资源建设概念的理解

情报学界在图书馆学界提出文献资源和文献资源建设概念之前，就已经对信息资源、信息资源建设的一些问题展开了讨论。随着20世纪80年代中期国外信息资源管理理论进入国内及我国正式与国际互联网接轨，信息资源建设就成为情报学理论界的研究内容及信息机构的工作内容。

情报学界所说的信息资源建设主要是指网络信息资源建设，即数据库的建设，而不是图书馆学界所理解的取代"文献资源建设"的含义。

（二）图书馆学界对信息资源建设概念的理解

图书馆学界认为，信息资源是经过人类筛选、采集、组织、加工、开发并可以存取和能够满足人类需求的各种媒介信息的有机集合，也就是说，信息资源既包括制品型的文献信息资源，也包括非制品的数字信息资源。笔者认为，所谓图书馆信息资源建设，就是图书馆根据其性质、任务和读者需求，对处于无序状态的各种媒介信息进行有计划和有系统的规划、选择、采集、组织和开发等活动，使之形成可资利用的信息资源体系的全过程。

二、信息资源建设概念的嬗变

图书馆资源建设理论的产生与发展过程，经历了藏书建设阶段、文献资源建设阶段，目前发展到信息资源建设阶段，其理论概念的思辨轨迹也经历了由个别到整体、由具体到抽象、由表象到本质的连续发展过程。在此过程中，图书馆资源建设理论概念的发展始终是在适应着图书馆资源建设的实践，始终随着图书馆工作实践的需要而不断嬗变，不断地由低层次向高层次发展。从"藏书建设"走向"文献资源建设"，是历史发展的必然。从"文献资源建设"嬗变为"信息资源建设"，同样也是图书馆理论与实践相互融合的必然取向。

（一）藏书建设

1.我国古代藏书建设

藏书是我国先秦时期即已出现的一个古老的概念和一种社会文化现象。在我国古代，由于社会生产力发展缓慢，知识成果数量有限，文献生产的数量不多，因此古代的藏书机构也有限，仅有官府藏书、书院藏书和私人藏书。所以那时的藏书建设活动大多只讲求尽力全面搜集各种图书并尽可能妥善地加以收藏与保管。我国古代比较系统的藏书建设理论与方法是在宋代以后才开始出现的，尤以明清时期私人藏书家的有关著述影响最大。因此，在我国古代藏书家的著述中，有不少关于"求书""购书""鉴书"以及对图书的装订、编目、保护与收藏等方法的论述。

2.我国近代藏书建设

到了近代社会，随着西学东渐与西书翻译的发展，西方近代造纸术与印刷术的广泛应用，报纸、杂志、教科书等新型出版物的诞生与发展，图书的种类与数量日益增多，图书馆已不可能对全部文献收罗无遗，"藏书采访"一词应运而生。藏书采访是指有计划地、科学地、选择性地收集文献，旨在访而求之，收而有之。为了加强对藏书采访的管理，图书馆专门设立了采编部或采访部，并制定了具体的藏书采访计划或规章制度，同时也出现了一些有关藏书采访的专门著作，研究和总结了当时图书采访工作的理论与实践。

3.我国现代藏书建设

中华人民共和国成立以后，我国图书馆界开始把"藏书建设"一词作为图书馆学的专业术语，但此时"藏书建设"基本上是作为"藏书采访"与"藏书补充"的同义词使用。到20世纪60年代，"藏书建设"一词开始被赋予新的含义，包括从藏书补充到藏书组织或典藏的整个过程，包括搜集、登录、馆藏布局、排架、保管、剔除等众多内容。从此，"藏书建设"逐渐取代了"藏书补充"而成为图书馆学界普遍使用的专业术语。20世纪70年代以后，藏书建设的内涵与外延都有了进一步的发展，并成为一个比较完整的系统概念。藏书建设被看作是一个搜集、积累、组织的系统的藏书体系，这个藏书体系是通过规划、补充、登记、组织、协调，建立检索网络，组成存贮中心来完成的。在20世纪70年代后期和80年代初，外国图书馆学理论对我国藏书建设产生了很大的影响。20世纪80年代以后，"藏书建设"一词有了更为深入的发展。

（二）文献资源建设

20世纪80年代，图书馆所处的社会环境发生了巨大变化，藏书建设也面临诸多新问题。首先，由于出版业迅速发展，藏书类型更加复杂，各种出版物的载体形式也呈现多样化，如音像资料、机读资料、缩微资料，将它们统称为藏书显得不太科学。其次，由于文献出版量急剧增长，文献价格大幅上涨，导致图书馆藏书建设面临着两种主要矛盾：一是文献数量剧增、文献价格上涨与馆藏经费短缺之间的矛盾；二是馆藏数量有限与读者需求无限之间的矛盾。为了解决这些矛盾，图书馆情报机构之间开展了协调采购、合作藏书、资源共享等活动，藏书建设的领域大大拓展，继续沿用"藏书建设"概念已很难准确反映这一领域理论和实践的发展，因此，图书情报理论界开始寻求新的概念和新的理论。

（三）信息资源建设

20世纪90年代以后，信息技术的发展突飞猛进，尤其是互联网的迅速普及、数字化技术的广泛应用，为信息交换创造了一个全新的环境，这种环境超越了传统信息传播的局限，使图书馆传统的文献资源建设功能相对弱化。其一，图书馆向读者提供的馆藏资源的类型与空间结构发生了巨大变化。图书馆馆藏资源已经不再局限于物理形态的文献，各种形式的电子化或数字化信息迅速涌入图书馆；文献资源不只是图书馆拥有的实体馆藏，也包括在网络环境下不依赖一定实体的虚拟馆藏，于是便出现了文献信息资源与数字信息资源、物理馆藏与虚拟馆藏并存的局面。其二，图书馆文献信息资源建设的手段不仅包括对文献信息的入藏，也包括对光盘信息与网络资源的开发、导航和组织管理，并且只有在网络环境中，借助于先进的信息生产、存储与传递技术，才能最大限度地实现信息资源共建、共知与共享，真正建立一个丰富的信息资源保障系统。显然，文献资源建设理论已经无力解决这些问题，信息资源建设及其相关理论应运而生并取而代之，成为发展的必然趋势。

1.信息资源建设理论的确立

20世纪90年代中期，许多学者先后撰文明确提出用信息资源建设取代文献资源建设的观点，为信息资源建设及其相关理论的应运而生提供了前提条件。经过一系列深入的研究，信息资源建设的理论逐渐被图书馆界认可，在观念上为图书馆工作带来全新的理论指导。

信息资源建设是人类对处于无序状态的各种媒介的信息进行有机集合、开发、组织的活动。信息资源建设的结果是形成信息资源。因此，网络环境下的信息资源建设既包括文献型的资源建设，也包括数据库的建设，还包括对网络信息资源的开发与组织。信息资源建设活动要比文献资源建设活动宽泛得多、复杂得多。只有将文献资源建设、数据库建设与网络信息资源建设有机地结合起来，才能称得上是信息资源建设。今天，信息资源建设已经成为图书馆界、情报界和其他信息工作领域普遍接受并广泛使用的概念。

2.21世纪前十年我国信息资源建设的突破性进展

21世纪前十年是我国信息资源建设进程中非常重要的时期。十年间，信息技术发展突飞猛进，新的信息环境逐渐形成，不仅改变了信息资源建设的方式和手段，而且改变了信息资源本身的结构，更改变了人们的信息资源建设观念和信息资源的评价标准。具体有以下表现：

第一，传统型文献的积累仍在不断增长。

第二，数字资源建设发展迅速。①馆藏文献数字化。馆藏文献数字化，就是将馆藏文献中有价值、有特色的资源进行数字化加工，转换成为数字化的资源。②数据库建设步伐加快。

第三，网络信息资源的开发利用受到重视。①学科信息门户的建设在不断完善。②开放存取信息资源建设已成为图书馆信息资源建设的重要领域。

第四，数字信息资源的整合趋势日益明显。

第五，信息资源共建与共享蓬勃发展。①信息资源共建共享工程的启动与运行。②图书馆联盟建设进入一个新的发展阶段。

3.未来信息资源建设的研究领域

未来几年，信息资源建设研究领域的发展应集中体现在以下三方面。

第一，信息资源建设将进一步融入"大数据"与"互联网+"的环境之中。主要表现为大数据、"互联网+"环境对馆藏建设、数据存储与数据挖掘的影响，以及大数据技术在信息共享、特色资源服务中的应用。大数据技术可实现关联数据，对数据挖掘有着深刻的影响。通过大数据挖掘，可预测读者的需求，实现按需采购。

基于大数据技术的云计算应用于图书馆，促进了数据资源的长期保存，实现了信息资源云端共享，使信息资源建设迈上了新的台阶。总之，在新的信息环境下，图书馆需要将新技术与自身发展相结合是学界的共识，对大数据、"互联网+"与信息资源建设的融合的相关研究热度将会继续保持甚至持续走高。

第二，信息资源建设以用户/读者为中心的趋势将得到加强。以用户/读者为中心的信息资源建设，直接体现在读者决策采购中。读者决策采购虽然不可能取代现有的文献采访模式，但作为一种重要的文献采访辅助方式，其优点、效益是很明显的。以用户/读者为中心是信息资源建设的一种理念，一种与传统图书馆不同的理念，这种理念完全有可能再催生出某种新的文献采访模式，这是信息资源建设必然的发展趋势。

第三，信息资源建设向多领域扩展，构建全社会的信息资源保障体系是必然趋势。信息资源建设、信息资源整合、信息资源共享等仍是业界和学界关注的焦点。但关注的不再局限于图书馆界或图书情报界，而是将资源建设、整合与共享的视野扩展到图书情报界之外。如在公共文化服务领域，人们将研究如何实现公共图书馆、博物馆、档案馆、文化馆的数字文化资源的整合，让不同公共文化机构的数字资源能在同一个平台上共享。在更广泛的社会领域，人们将关注如何构建涵盖政府信息资源、企业信息资源、公共领域信息资源的社会信息资源保障体系，实现全社会的信息资源共享。

第二章 信息资源建设理论研究

任何实践活动都需要在一定的理论指导下进行，信息资源建设是技术性、业务性很强的实践活动，因此，它需要有理论的指导与监督；反过来，经过对信息资源建设实践活动的概括和总结，同时不断从相关学科的理论和方法中汲取营养，又会不断形成新的理论来丰富、充实和完善原有的理论体系。

第一节 支撑理论

一、传统基础理论的运用

信息资源建设的传统基础理论包括图书馆学、情报学、档案学、大众传播学等。

（一）图书馆学

图书馆学是研究图书馆的发生发展、组织管理，以及图书馆工作规律的科学。其研究的内容包括图书采访、图书分类、目录学、读者服务、文献检索、参考咨询、图书馆系统以及图书馆事业和宏观调控与管理等。信息资源建设主要探讨为符合图书馆任务和读者要求，系统地建立、发展、规划、组织馆藏体系以及信息保存、保护的理论与方法，进而研究系统、地区、全国信息资源的布局和信息资源的共享等。可以说，现代图书馆工作以及一些理论已与现代信息资源建设工作连成一线，其部分工作内容就是信息资源建设活动重要的核心组成部分。

（二）情报学

情报学以作为一种普遍存在着的社会现象的情报和整个情报交流活动为研究对象。具体地说，主要研究情报的收集、组织、存储和检索；情报系统资源的布局、开发和利用；情报网络和情报系统的建设；以及国家情报管理体制、国家情报政策与法规、情报产业与情报经济、情报教育等。现代信息资源建设活动是以情报文献工作为延伸，因此，现代信息资源建设的理论研究与情报理论紧密相连。

（三）档案学

档案学是研究档案的形成和特点、档案管理的原则和方法以及档案工作发展规律的一门科学。具体地说，主要研究档案和档案管理过程（包括收集、整理、鉴定、保管、统计、检索、开发利用等）；研究档案系统及组织；研究国家档案事业的组织、管理和发展规律等。档案信息资源是建设现代信息资源的重要内容之一，与现代信息资源建设密切相关。

（四）大众传播学

大众传播学又称传播学或者传媒学，是研究人们运用符号进行社会信息交流的规律性和行为的一门科学。具体地说，主要研究传播和传播过程、传播类型与传播模式、传播媒介、传播与国家发展、传播与现代化等内容。现代传播学除了研究纸载信息这一传统媒体外，也研究其他各种形式的信息媒体——声像、缩微、电子出版物等，为现代信息资源建设的信息资源传播提供了坚实的理论基础。

二、现代基础理论的运用

信息资源建设的现代基础理论是信息科学理论和信息整序理论。信息科学理论包括信息论、系统论和控制论，人们通常称之为"老三论"；信息整序理论包括耗散论、突变论和协同论，人们通常称之为"新三论"。

（一）信息资源建设中信息科学理论的运用

信息科学理论是以信息为基本的研究对象，以信息的运动规律和应用方法为主要研究内容，以计算机技术为主要研究手段，以扩展信息功能为研究目标的科学，是信息资源建设最直接和最重要的基础理论。

1.信息论

信息论是一种关于通信的数学理论，它通过数理统计方法研究信息的度量、传递和变换规律，是解决信息的获取、度量、变换、存储、传递等问题的基本理论。信息论有狭义信息论、一般信息论和广义信息论之分。狭义信息论即申农的信息论，主要研究信息的测度、信息容量和编码等问题。一般信息论即通信理论，主要研究信息传输的一般理论，包括信号与噪声理论、信号过滤与检测、调制与信息处理等问题。广义信息论即信息科学，研究涉及通信科学、心理学、语言学、语义学、遗传工程、决策科学等与信息有关的一切领域。信息的传递交流也是一种通信工程，除了通过人与人之间直接交谈进行交流之外，更多的是通过电话、电报、无线电、电视、报纸、各种出版物等方式，借助于对各种符号和信号系统的传递、存储来交流信息。特别是用现代信息技术处理信息资源后，更使得信息论与现代信息资源建设结下不解之缘。

信息机构作为信息服务中心，以满足信息用户的需求为最终目的，对信息用户提供咨询、检索等服务，要做好这些工作，必然要求其子系统紧密配合，形成一个有机的整体，而这种配合就是一种信息交流的方式。信息机构的资源运行系统的这种信息交流表现为外部的交流与内部的交流。外部交流，主要指各信息机构之间的相互交流以及信息机构与外部环境之间广泛的联系。信息机构为了满足整个社会的信息需求，信息机构之间必然要联合起来，互通有无，进行资源共建，实现资源共享。内部交流主要指内部子系统之间的相互作用、相互制约。表现在其接受服务对象的反馈上，信息用户对信息资源中心的整体运作提出意见，这些意见被信息资源中心汇总、分析、研究，从中找出工作的不足，加以改善，不仅能更好地为信息用户提供服务，而且促进了自身的发展。

2.系统论

（1）系统与系统的性质

现代系统理论认为，客观世界的一切物质都存在于一定的系统之中。所谓系统，是"由相互联系、相互依赖的若干组成部分结合而成的具有特定功能的有机整体。而这个'系统'本身又是它所从属的更大系统的组成部分"。一个国家的信息资源也是这样一个系统，它具有普通系统所具有的基本性质：

第一，信息资源系统是由若干要素和子系统按一定方式组合而成的。各种信息生产部门、图书馆、情报机构、档案机构及其他信息机构的信息资源，都是构成这个系统的要素，各要素按一定的方式组成若干层次的子系统，然后由这些子系统组成全国信息资源整体系统，同时信息资源系统又是整个社会大系统的一个组成部分。

第二，信息资源系统内的各要素、各子系统之间相互依存、相互制约，这种依存和制约的关系是通过大系统这个整体相联系的。

第三，整体的信息资源系统具有一定的特性和功能，这些特性和功能并非各要素、各子系统特性和功能的简单叠加，合理建立起来的信息资源系统，其整体功能应该大于各子系统功能之和。

第四，信息资源系统存在于社会环境之中，并与环境进行物质、能量和信息交换。一方面，信息资源系统受到社会经济、政治、科学、文化、教育等各种因素的影响和制约；另一方面，它又向社会提供信息资源，以其特有的作用促进社会的发展。

信息资源系统的客观存在及其特征，正是运用系统理论解决信息资源建设问题的基础。

（2）运用系统理论和方法研究信息资源建设

①系统的整体性原则是信息资源共建共享基本的方法论基础。从系统理论观点来看，信息资源共建共享的目的就在于充分发挥信息资源系统功能的放大作用，使大系统的功能大于子系统功能之和，这是系统的整体性原则决定的。系统的整体性原则为信息资源共建共享提供了以下几点启示：

第一，必须建立信息资源保障体系。

第二，信息资源保障体系必须有明确的系统目标，并能保证系统总体的最优化。

第三，信息资源保障体系的运行必须与社会环境相适应。

②系统的联系性原则为信息资源体系结构研究提供了理论依据。系统的联系性原则是指系统要素之间、系统和环境之间存在着相互联系、相互作用的关系。联系性原则和整体性原则密不可分，它要求人们在考察任何对象时，都要从整体出发，把重点放在系统要素的各种联系上，从各种联系中综合考察事物，从而从整体上正确揭示事物的性质和发展规律。

系统的联系性原则要求，要提高信息资源系统的功能，不仅要注意提高组成信息资源系统的各要素的素质，而且要注意改善信息资源系统的构成、组合状况。

③系统的有序性原则对信息资源组织具有理论指导意义。系统的有序性原则是指组成系统的各要素之间相互联系和制约的关系是有规律、有秩序的。系统的有序性，是系统有机联系的反映。系统中稳定的联系，构成系统的结构。系统的有序性越高，系统结构越严密，系统的功能就越强。反之，系统的有序性越低，系统结构越松散，其功能也越差。

系统的有序性要求图书馆对采集的信息资源要依据一定的技术方法和规范，进行加工、整序。经过程序化的处理过程，使零散的信息资源成为馆藏信息资源体系中组织化、序列化的组成部分。

系统的有序性原则还要求图书馆建立完善的信息检索系统，使图书馆以及整个信息资源保障体系所拥有的和可存取的所有信息资源的内容都能够通过这些检索工具和检索系统全面系统地加以体现，使信息用户从多角度、多途径了解信息资源内容，从而有效地利用这些资源。

④系统的动态性原则要求信息资源系统建设必须同社会信息需求的变化相适应。系统是一个"活"的有机体。在各要素之间、要素与系统之间、系统与环境之间都存在着物质、能量、信息的流动。因此，系统的平衡和稳定是一种动态的平衡和稳定。系统的变化，根源于系统内部的矛盾运动，也就是根源于系统组成要素及其相互关系的变化。同时，周围环境对系统及结构的影响也会使系统产生适应性变异。

在信息资源建设的过程中，根据系统的动态性原则，人们要研究信息资源系统在时间上发展变化的趋势和规律，自觉地调整信息资源系统内部结构及其与外部环境的关系。信息资源系统发展变化的内因在于信息资源建设必须与日益广泛、复杂、多元化和个性化的社会信息需求相适应。发展变化的外因在于信息资源的内容和载体会随着科学技术的发展而逐渐陈旧、老化，失去利用价值。因此，信息资源建设是一个不断淘汰老化、失效的资源，不断扩充、发展新的资源的动态过程。只有及时调整和更新信息资源结构，才能建立起一个充满生机与活力的信息资源系统。

3.控制论

控制论是研究控制系统的理论。所谓控制，是指"事物之间的一种不对称的相互作用"。事物之间构成控制关系，其间必然存在一个或几个主动施加作用的事物，称为主控事物或控制者；同时也存在一个或多个被作用的事物，称为被控事物或控制对象。一般说来，控制者具有一定的控制目标，控制者正是通过不断对控制对象施加作用和影响逐步达到这一目标的。控制者对被控对象施加作用和影响的过程也是向被控对象反馈信息的过程。反馈是控制论的基本理论，正因为有了反馈，控制的行为才有了目的性。信息是控制的基础，控制则是要从有关的信息中寻找正确的方向和策略。

信息资源运行系统是一个复杂的动态系统，为保持整个系统的运行经常处于最佳状态，就要对它进行"逐级分层"控制。"逐级分层"控制是指在控制中存在一个集中的控制机构控制着各子系统的影响，同时各子系统又有一个自己的独立控制机构来控制其构成要素的运行，以此逐级控制，环环相扣。当一个子系统或其构成要素出现控制失误时，不会影响到其他子系统的正常运行，对整个系统的运行也不会产生太大的影响，有利于及早地发现问题、解决问题。

（二）信息资源建设中信息整序理论的运用

信息的有序化是整个自然、社会有序化进程中的一部分，是加速自然、社会有序化进程的重要因素，耗散结构论、协同论和突变论从普遍的意义上解决了一个开放系统如何从无序走向有序状态的问题。因此，信息整序理论也就成为信息资源整序的基础理论。

1.耗散结构论

所谓耗散结构，是指一个远离平衡态的开放系统，通过不断地与外界交换物质、能量，在外界条件的变化达到一定阈值时，从原来的无序状态转变为在时间上、空间上或功能上的有序状态，这种远离平衡情况下所形成的宏观有序结构，就称为耗散结构。耗散结构理论的基本思想：一是系统必须处于远离平衡状态。只有系统远离平衡状态时，才能形成有序结构；二是系统必须是一个开放系统，在外界的作用下，才能形成新的有序结构；三是系统内部各要素的相互协作，才能使系统从无序变为有序。信息系统正是一种耗散结构系统，它是一个远离平衡状态的开放系统，具有输入、输出、多次循环及反馈等开放性的基本特征。因此，耗散结构论成为信息资源整序的基础理论之一。

信息系统是一种耗散结构系统，它具备耗散结构的条件。信息系统原本无序，这种无序程度的存在及增长对信息的交流与利用造成了极大的障碍。那么信息系统要自觉地形成一个有序的结构，并使其内部结构产生的障碍逐步减少，就必须与外界环境进行交流，不断改变系统输入、输出和转换的过程，以抵消系统内部的障碍的产生和增长，促使系统障碍减少，从而推动信息系统形成非平衡态的有序结构。

2.协同论

协同论论述了系统从无序到有序和从有序到无序相互转变的条件和规律。协同论认为，千差万别的系统，尽管其属性不同，但在整个环境中，各个系统之间存在着相互影响而又相互合作的关系，其中也包括通常的社会现象，如不同单位间的相互配合与协作、部门间关系的协调、企业间相互竞争的作用，以及系统中的相互干扰和制约等。协同论的协同机制、自组织原理和规律性等基本原理为建立信息有序化理论体系提供理论指导。

在信息资源建设中，信息的有序化是信息资源建设的最基础、最核心的部分。从信息的生产、收集、组织到信息的交流和利用，就是一个从无序到有序的过程，都可以用协同论来指导，建立信息有序化理论体系。

3.突变论

突变论是现代数学的一门新兴学科，其基本理论为：解释事物从一种稳定状态跃迁到另一种稳定状态的现象与规律，并用形象而精确的数学模型来描述和预测事物的连续性中断的质变过程。突变理论表明质变可以通过飞跃的方式实现，也可以通过渐变的方式实现。因此，突变理论为信息组织理论的发展与完善提供了理论基础。

在信息资源建设中，可以利用突变论方法来研究信息对社会的影响、对知识结构改变的影响，以及应用突变论进行信息系统的设计。

三、经济学原理的运用

信息是一种重要的经济资源，所以信息资源建设必须遵循基本的经济学法则，即用有限的信息成本获取尽可能大的信息报酬。信息成本指的是用于信息资源建设的资金投入；而信息报酬指的是信息投资的产出或效益。

（一）信息资源建设中的"二八规则"的运用

经济学中的"二八规则"指的是20%的事物被80%的人利用，而80%的事物则只被20%的人利用，这就存在着成本效益比的问题。这一经济法则启示了图书馆信息资源建设要集中财力做好图书馆的核心馆藏资源建设。图书馆中20%的信息资源被80%的读者（用户）所利用，而这20%的信息资源就是图书馆的核心馆藏，图书馆对核心馆藏应采取"拥有"的模式；而80%的信息资源只有20%的读者（用户）在利用，由于经费的制约，所以图书馆要采取"获取"的模式加以利用。在数字信息环境下，图书馆要广泛地通过馆际互借、文献传递等方式为读者（用户）获取那些利用率不高但部分读者又有需求的信息。

读者在利用文献时存在着集中性和离散性特征。掌握这一规律对信息资源建设具有重大意义，尤其在外文资源利用这一方面，一定要掌握用户对各类信息资源、各学科信息资源利用的集中性，以便准确配置电子信息资源。信息资源建设中运用经济学中的"二八规则"，主要是从读者、用户利用信息资源的角度上做好信息资源建设。

（二）信息资源建设中"长尾理论"的运用

所谓"长尾"，实际上是统计学中幂律和帕累托分布特征的一个口语化表述。图书出版的"长尾现象"是指某类图书的出版高度地集中在极少数的出版社，而极少数的图书广泛地分散于数量很大的出版社里。这种现象由来已久，这是市场经济作用下出版业繁荣的一种特征。信息资源建设中运用经济学中的"长尾理论"，主要是利用其原理，对许多图书文献中学术专著资源的分布"长尾现象"加以控制，从而有利于全面扩大图书馆馆藏量，提高其质量。

四、信息管理理论的运用

（一）文献老化理论与信息资源建设

文献的老化是一个必然、普遍的社会现象。探求文献的老化规律，寻求描述文献老化的正确方法和指标，具有重要的理论和现实意义。

所谓文献老化，是指文献随着其"年龄"（出版距今的时间）的增长，其内容日益变得陈旧过时，逐渐减少或失去其作为情报源的价值，越来越少地被读者或用户所利用。20世纪40年代，许多科学家、图书馆学家开始对文献老化做了大量的研究。到目前为止，对文献老化速度的量度主要有两个，即文献半衰期和普赖斯指数。

1.文献半衰期

国外有关学者对文献半衰期下的定义是：现有活性文献中一半的出版时间。所谓"现有活性文献"，指的是某学科领域现时尚在被读者利用的文献，而半衰期就是指这些正在被利用的文献中的一半是在多长一段时间之前发表的。因为半衰期与某些学科文献中的半数失效所经历的时间相当，所以可以通俗地说文献半衰期就是各学科被利用的文献总量中，一半文献失去利用效率所经历的时间。文献的老化是一个非常复杂的问题，它不仅取决于这些文献所属的学科性质，而且受到文献增长、时代特点、人类需要、社会环境和情报需求等许多因素的影响，特别是文献的类型和性质的影响，比较成熟、稳定的学科的文献要比在内容上或技术正在经历重大变化的学科的"半衰期"长；历史较长的学科的文献要比新兴学科的文献"半衰期"长。某一学科的各种类型文献也有着不同的老化速度。科学专著要比期刊论文、科技报告、会议文献等的"半衰期"长；经典论著要比一般论著的"半衰期"长；理论性刊物要比通信报道性刊物的"半衰期"长。

需要注意的是，文献的"半衰期"不是针对个别文献或某一组文献的，而是针对某一学科或专业领域的文献总和而言的。

2.普赖斯指数

普赖斯指数，就是在某一知识领域内，把年限不超过5年的文献引文数量与引文总量之比作为指标，用以量度文献老化的速度和程度。其计算公式为：

普赖斯指数 = 出版年限不超过5年的被引文献量/被引文总量

一般来讲，某一学科领域文献的普赖斯指数越大，其半衰期就越短，其文献老化的速度也就越快。

根据普赖斯指数，可将所有被利用的文献分成两大类，一类是"档案性文献"，它是指年龄超过5年而仍被引证的文献；另一类则是"有现时作用的文献"，它是指年龄不大于5年的被引文献。

普赖斯指数与文献半衰期是两个既有联系又有区别地衡量文献老化的指标。它们都是从文献被利用的角度出发，但以不同的方式反映文献老化的情况。文献半衰期只能笼统地衡量某一学科领域全部文献的老化情况，而普赖斯指数既可用于衡量某一学科领域全部文献的老化情况，也可用于衡量某种期刊、某一机构甚至某一作者和某篇文献的老化情况。

已发表文献的老化速度，不仅取决于这些文献所属的学科领域，而且取决于其他一些因素。如文献数量的增长情况，某学科文献数量增长越快，旧的文献利用就越少，文献的半衰期就越短。再如文献的种类和性质也会对老化速度产生重要影响，像专著、工具书、期刊论文、专利说明书或者某一学科领域的各种文献都有不同的老化速度。

开展文献老化理论研究，探索和掌握文献老化规律，对于开展信息资源建设具有十分重要的意义和作用。首先，它为评价和选择文献信息资源提供了理论依据。图书馆要不断补充文献信息资源，建立符合用户需要的文献信息收藏体系，就必须进行文献信息资源的评价和选择。研究文献老化理论，有利于掌握文献信息特征、判断文献时效和研究文献价值，帮助图书馆评价和选择文献信息资源。其次，它为优化馆藏文献资源的结构提供了理论依据，它指导图书馆及时地复选、剔除老化文献和调整馆藏资源布局，既有利于解决书库的空间危机，优化馆藏文献资源的布局，又有利于提高文献信息资源的利用率。最后，它为制订科学合理的文献工作原则提供了理论依据。对半衰期较短的文献，要抢时间和讲效率，加强文献信息资源的报道和开展定题服务，尽快地被读者所利用；对老化的文献则可实行缩微复制保存或移交储存图书馆保存；还可根据文献老化的数据，确定文献资源开发利用的年限，合理控制各学科信息资源的流通时间，使有用的信息流及时、准确地流向读者。

（二）布拉德福定律与信息资源建设

现代科学不断分化、不断综合的结果是各学科之间原本严格的界限渐渐消失，各学科之间的相互联系逐渐加强，因此，造成文献的分布呈现出既集中又分散的现象：一方面，相当数量的专业论文相对集中地刊载在少量的专业期刊中，其余数量的专业论文却高度分散刊载在大量非专业期刊中；另一方面，一种专业期刊不仅刊载本学科的论文，而且刊载许多相关学科或相邻学科的论文，而同一专业的论文不仅发表在本专业刊物上，而且发表在许多其他不同专业的刊物上，这一现象引起了人们的关注。早在20世纪30年代，国际文献学、情报学、图书馆学界就开始对其进行深入的研究。著名的布拉德福定律就是揭示科学论文在期刊中既集中又离散的分布规律的。

布拉德福定律表明，每一学科或专业的文献，在科技期刊群中的分布，总是相对集中在少数专业期刊中，同时又高度分散在数量庞大的相关专业与相邻专业的期刊中。专业核心区期刊，种数不多，但该学科文献载文率高，信息量大，与该学科关系密切，大多是反映了该学科的前沿问题，学术价值高；相关区期刊，种数较多，该学科载文率中等，信息量次之，与该学科关系较密切，学术价值较高；非专业相邻区期刊，种数很多，该学科载文率低，信息量小，与该学科关系较为疏远。总之，核心期刊载文率高，质量上乘，而且读者借阅率高，引用指数较高，是一个学科重要的学术信息源。

布拉德福定律从产生到现在一直受到图书情报界的高度重视，尤其是对图书馆的信息资源建设具有很强的指导作用。布拉德福定律描述的是科学论文在期刊中的分布规律，其实布拉德福定律还具有普遍性，它不仅可以描述出科技期刊论文分布具有集中性和离散性，而且可以体现图书文献中学术专著的分布也同样具有集中性和离散性。如通过分析各个出版社关于某一学科或专业的专著出版情况，不难看出学术著作的出版也存在着既集中又分散的现象。因此，图书馆应积极运用布拉德福定律原理及方法，测算出每个学科的核心期刊，每个学科的出版学术专著的核心出版社，掌握专著的基本分布规律，从而有的放矢地配置资源。在信息资源数字化的环境下，各类信息资源如潮水般涌现，而图书馆信息资源购置经费又紧缺，精准确定核心期刊、核心出版社及核心作者对图书馆信息资源建设尤为重要，它对于准确收藏读者利用率最高的信息资源，指导读者重点阅读，制定信息资源建设政策及优化馆藏等工作都具有重大意义。

（三）零增长理论与信息资源建设

零增长理论又称为稳定状态理论，是指导图书馆信息资源建设的重要理论，也是一种控制图书馆藏书量增长的理论。零增长理论就是要求建立有限规模的图书馆，在图书馆达到一个可靠的目标（馆藏量、功能等指标）之后，剔除馆藏文献的速度应当等同于购进文献的速度，即图书馆新购入的文献资料只是对准备剔除文献资料的相应补偿，馆藏的实际增长数量为零，从而使图书馆收藏的文献总量保持一种相对稳定的状态。

实际上对于零增长理论的实施并不成熟和完善，具体的实施办法和标准还存在不少困惑与疑难，但其对信息资源的借鉴指导作用却不能忽视。主要表现在：第一，零增长理论可保证文献信息资源建设稳定、和谐地发展。根据当前图书馆藏书基础还比较薄弱、发展失控或数量盲目增长的实际情况，人们在借鉴零增长理论时，要正确处理好藏书数量与质量之间的关系，在提高藏书质量的同时，实现藏书数量的低速或适度增长，保证文献资源建设稳定、和谐发展。第二，零增长理论可用于指导图书馆藏书的初选工作。初选工作具有很强的知识性和学术性，它是对文献信息的知识内容和情报价值的鉴别和选择，选择的结果将对图书馆藏书的质量起决定作用。根据零增长理论的要求加强藏书的初选工作，有针对性地、认真地搜集和选择文献信息，尽量避免不必要的文献信息被补充进馆藏中，真正把好图书馆藏书的入口关。第三，零增长理论可用于指导图书馆藏书的复选与剔除工作。依据零增长理论的要求，经常性地对入藏的文献信息进行复选，及时剔除知识老化、陈旧破损、过时失效、复本过多、利用率低下的馆藏文献，使馆藏文献信息更加精练，文献的内容质量、构成质量、利用质量都可以改善、提高，始终保持馆藏文献信息的生命力。第四，零增长理论可优化文献信息资源共享的质量。零增长理论实施的前提条件之一，就是要有合作利用馆藏、资源共享的机制。在读者文献信息需求日益多样化、复杂化的今天，单靠某个馆的文献信息资源建设与服务，是绝不能做好服务工作的。因此，应把零增长理论应用于实践，广泛开展信息资源建设的协调与合作，建立一定数量的中心图书馆和储存图书馆，切实做到分工入藏、合作利用、资源共享，充分满足读者的信息需求。

（四）信息资源建设中信息管理的相关基础理论的运用

信息资源建设的相关基础理论包括：信息自组织理论、元数据理论和知识组织理论。

1.信息自组织理论

信息自组织是信息组织方法的拓展，是信息组织理论研究中的一项新课题。凡是能够不再借助于外部控制而能实现从无序到有序的转变，并维持稳定有序状态的系统，就称为自组织系统。任何自组织系统都是通过谐振、反馈和放大来完成信息增强，并保持其有序效应的。信息自组织是指作为信息系统组成要素的信息，由于人与人之间、人与系统其他要素之间存在的相关性、协同性或默契性而形成特定结构与功能的过程，也就是信息系统无须外界指令而能自行组织信息，自我走向有序化和优化的过程。近几十年，由于信息总量的持续增长、信息技术的飞速发展，使信息系统显著地具备了自组织的条件，特别是网络信息已经具有自组织系统的开放性、远离平衡和非线性相干等特征，因此，研究信息自组织理论对于信息资源的组织尤其是网络信息的有序组织具有非常重要的理论与实践意义。

2.元数据理论

元数据的定义在不同领域有不同的理解。在图书信息界，对元数据的定义是："它是提供关于信息资源或数据的一种结构化的数据，是对信息资源的结构化的描述。"或定义为："是关于数据的数据或描述其他信息的信息。"元数据的提出，从某个程度讲，是针对信息的组织而言的。例如，网络是一个巨大的信息处理中心，各网站如同是种类不同的出版物，而一个网页就好比出版物的一页。这样，就可以用元数据的理论来对网络信息资源进行组织和控制。

元数据工作原理：描述信息资源，用于对数据单元进行详细、全面的著录描述，数据元素包括内容、载体、位置和获取方式等相关元素，数据元素的数量往往比较多。因此，它也成为现代信息资源建设的基础理论之一。

3.知识组织理论

知识组织产生于图书馆学、情报学的分类系统和对叙词表的研究。知识组织不同于传统的文献整理以文献加工为本位，提示文献的知识内容。知识组织是以知识单元为加工本位，它不仅提示文献的学科、主题内容，而且注重提示文献的知识单元。这样，将信息中所包含的知识内容用语词和概念进行标引和组织，能更全面和有效地对现代信息资源进行组织和检索。

第二节　基本理念

一、"拥有"与"获取"并重的理念

从传统文献信息资源建设到数字信息资源建设，再到数字化图书馆建设，图书馆信息资源建设呈现多元化格局，维持这一格局的基本要素就是人们常说的"拥有"与"获取"。"拥有"与"获取"的关系，即在信息资源建设中如何处理"拥有"本馆信息资源和"获取"馆外信息资源之间的关系问题，是近年来国内外图书馆界的研究热点。实际上，它是一个信息资源建设的基本理念问题。

20世纪90年代以来，由于信息技术、信息网络、信息环境的极大改变，

对一直以资源的实际拥有为目标的图书馆信息资源建设的基本模式产生了直接影响，具体表现在：一是出版物数量的急剧增长及价格不断上涨，与图书馆有限的收藏能力之间的矛盾越来越突出，图书馆依赖"拥有"的馆藏来提供服务变得日益困难；二是由于信息技术的迅速发展，尤其是网络的日益成熟，使信息的传播突破时空局限，图书馆能够十分便捷地借助存取方式来获取本馆以外的信息资源，这种异地存取的资源使各个图书馆的馆藏无形中得以扩大，读者能够获取的信息资源也大大增加。事实证明，对利用率低的文献通过存取获得在经济上更合算。这两种结果必然带给人们对"拥有"与"获取"问题的思考。

从国外研究来看，20世纪90年代以来，"拥有与获取"受到国外图书馆界的普遍关注。而在这些研究中，较为普遍的观点是"获取"比"拥有"更重要，应该多一些"获取"，少一些"拥有"，甚至"获取"应该取代"拥有"，"重新思考图书馆馆藏发展策略"成为一些研究中频繁出现的论点。

从国内研究来看，在有关电子图书馆、数字图书馆以及网络环境下图书馆文献资源建设等主题的论文（著）中，涉及"拥有"与"获取"的论述非常多。较为普遍的观点也是认为"获取"比"拥有"更重要。当然，也有不少学者认为"拥有"与"获取"同样重要，没有"拥有"就不可能有"获取"，二者不可偏废。

笔者认为，"拥有"与"获取"是相辅相成、长期共存的关系，既要重视"拥有"，也要重视"获取"，这应该成为新的信息环境下信息资源建设的基本理念。

第一，这是由信息资源本身发展所决定的。当今的信息资源，一方面，数字化的信息资源在以惊人的速度发展；另一方面，以物理形式存在的文献信息资源仍然在大量生产。而对这两类信息资源，图书馆获取的方式是不一样的。对数字信息资源，在大多数情况下，通过购买只能获得它的使用权而不能获得其所有权，也就是说，图书馆在大多数情况下必须以"获取"的方式进行数字信息资源建设。而对文献信息资源，通过购买，在获得它的使用权的同时也获得了它的所有权。信息资源发展的这一特点，决定了图书馆信息资源建设既要重视拥有，也要重视存取。

第二，这是由信息用户的需求决定的。信息资源建设的根本目的是满足读者的信息需求，提供优质信息服务。对多数读者来讲，图书馆拥有的现实馆藏是满足他们信息需求最直接、最有效的方式，但面对日益复杂多样的信息需求，仅靠本馆拥有却无法满足。因此，图书馆必须通过对馆外信息资源的"获取"弥补现实馆藏"拥有"的不足，从而提高其满足读者信息需求的能力。同时，由于数字信息资源具有传统文献资源难以比拟的诸多优势，成为众多读者首选的重要资源。用户信息需求的这些特点，决定了图书馆信息资源建设既要重视"拥有"，也要重视"获取"。

第三，这是由图书馆提高经费使用效益决定的。对图书馆来说，要获取等量的信息资源，通过"拥有"的方式则获得成本相对较高，而通过"获取"的方式则成本相对较低。因此，图书馆对一部分不常用的，或者比较昂贵的，或者适合通过网络获取的信息资源，就可以"获取"的方式提供给读者利用，这样做可以合理使用经费，科学配置资源，使有限的经费最大限度地发挥其效益。

第四，这是图书馆发展趋势决定的。数字化、网络化已成为图书馆发展的必然趋势。但也应该看到，尽管"获取"有许多优势，但就信息资源的现状而言，"获取"在当前还有较大的局限性，如网络中能以全文获取的信息资源数量有限、读者以异地存取方式获取文献费用过高、读者不习惯使用网络文献，以及网络信息资源的保存和积累困难等，因此，纸质信息资源与数字信息资源还将长期并存。所以在相当长一段时期内，图书馆信息资源建设模式是"拥有"与"获取"并重并存，缺一不可。

二、资源整合的理念

"整合"，适用于经济、政治、社会、数学、生理等各个领域。其字面意思是整理、汇合、聚合、融合的意思，一般理解为将看似无关、实则有关的东西整理为一个有机整体的过程或结果，形成一个有效的系统。整合的实质就是各个单独事物共同遵循统一的原则、标准、规定，打破原有的界限而形成有机的统一体，其内涵充分验证了部分之和大于整体的系统论观点。简言之，整合后发挥的是整体效率，体现的是整体效益。

"资源整合"这一概念由来已久，但较早出现是在基于信息技术革命的大背景之下的计算机科学界。随着21世纪网络信息化的发展，"资源整合"进一步发展到"信息资源整合"，或演变为"信息整合"的理念。

"信息资源整合"是指信息资源优化组合的一种存在状态，是根据系统论的原则，依据一定的需要，对各个相对独立系统中的数据对象、功能结构及其互动关系进行融合、类聚和重组，重新结成为一个新的有机整体，形成一个效能更好的、效率更高的新的信息资源体系，从而全方位地为科学研究、决策提供信息保障。这里的信息资源指的是经过一定程度加工整序后的，一个个相对独立的、不同类型、不同学科的数字资源系统，不包括网上无序的和自身没有控制的数字信息资源。

"图书馆信息资源整合"是指遵循一定的原则、规范、标准，把图书馆范围内的资源，无论是网上虚拟资源还是馆藏书目资源，或是自建数据库等多种载体、多种形式、多种类型、分散异构的信息资源有机地整合在一起，实现图书馆所有资源分编流工作的融合，使用户能够在统一的数据存取模式下，通过统一的用户界面完成对不同数据库和网络资源的检索。

就高校图书馆来说，信息资源的整合普遍涵盖为：采购（内容为传统文献信息资源、各种数据库、网络集成信息等商业化而具有学科针对性的馆外信息资源）、馆际协调合作（共建共享）、内部数据库在特定学科需求之下的合成与创新、利用馆内外能及的信息资源创制学科导航系统、教学参考资料的汇编及其数字化开发利用、地方特色文献资源的收集与利用等。

图书馆信息资源整合的目的就是通过整合实体馆藏和虚拟馆藏提高资源的整体效率和效益，满足读者多元化、个性化信息需求的能力。

众所周知，资源整合一直是图书馆信息资源建设的一项不可或缺的重要环节。在传统领域，整合的对象便是传统文献信息资源。随着数字化、网络化的到来，整合技术的发展则倾斜在数字信息资源的开发利用上，使数字信息资源在信息资源建设中占据主流地位，成为发展趋势，但传统文献信息资源也不可能退出历史舞台。从宏观认识的角度出发，笔者发现，诸多整合理念的阐释大多倾向于数字信息资源的整合，很少或忽略了关于传统文献信息资源整合的论述。实际上，大多数国内高校图书馆依然无法摒弃传统文献信息资源的建设，也无法撼动传统文献信息资源在图书馆整体馆藏建设里的重要地位。因此，对整合理念的认识应该趋向整合一体化的提升，要在全盘把握的高度之上，实现点面结合的整合一体化，从而在理论结合实践当中加以不断地规范和调整，避免偏颇，防范资源结构的失衡风险。

三、协调发展的理念

协调发展的理念直接影响信息资源建设的整体质量。图书馆的信息资源建设离不开协调发展的理念。

图书馆是一个立体的、多元的学术文化服务机构，对高校而言其属于教辅单位，但其教育功能和文化传播功能是其他部门无法替代的。高校图书馆以高度的信息资源的集中性、广泛性、专业性、针对性和开放性等特点树立了自身在教育文化事业领域中的重要地位，尤其是网络化环境下的服务功能的升级，彰显了其自身的时代性，而其与时俱进的发展态势，更无法让人忽视。在这一主体地位明显的客观存在下，信息资源的建设将是图书馆整体建设发展的核心所在。而图书馆整体建设发展得如何、成效的显著与否，都与协调发展的工作做得如何密切相关。

从宏观上看，协调发展就是要从整体上把握，不要顾此失彼，也不可不分轻重。图书馆的信息资源建设要全面权衡，做好整体规划，并突出重点。要根据本馆具体情况和具体特点采取可控、可和谐一致的发展办法。理念上，要充分认识到协调发展是充满方向感的，全方位掌控态势的，是管理常用的科学手段。

从微观上看，协调发展可以促进：（1）传统文献信息资源的建设需要与现代数字信息资源的建设并重发展，不可偏废。实际上，就是指纸质信息资源、电子信息资源、网络信息资源的协调发展，从而形成多元并举的发展局面。（2）软件与硬件的统一。图书馆的信息资源建设要与其硬件建设相匹配，即现代设备技术条件要到位。图书馆在信息资源建设上要合理配置"虚拟馆藏"和"现实馆藏"，加强数据库建设，实现馆藏资源特色化、数字化，以适应图书馆计算机化、自动化和网络化建设发展的要求。（3）数量与质量、规模与效益、速度与需求的统一。丰富的馆藏是以馆藏数量为基础，以馆藏质量为必要条件，二者缺一不可，必须统一协调发展。规模大小应遵循整体规划的要求；而效益必须讲究内在的资源整合开发及其优化服务，并取得良好的经济效益和社会效益，但要以社会效益为主。而快慢与否要以用户需求是否满足为条件，切不可无视需求突击跨越发展而导致浪费资源，同时也不能在服务需求方面出现断层或供不应求的情况。（4）馆际协调和共建共享。现代文明讲究团队精神，其实也是对协调发展理念的具体运用。图书馆之间的相互合作，需要彼此之间取长补短、相互协调，并为资源共享建设作出应有的贡献。

总之，在当前信息资源多元化的新形势下，协调发展的理念尤为重要，大到馆舍建设的规划、信息资源的布局和用户需求与服务的匹配，小到人力资源的配置以及采购信息资源的种类变更等，很多事项都必须整合在一个合乎本馆特色、合乎本馆乃至本校整体发展规划的统筹战略之中。毫无疑问，协调发展可以把杂乱变为有章法，把参差不齐变成轻重有别，也可以把不伦不类变成专业化和有序化，并加以特色改造，凸显本馆最为闪亮的特色风格。

四、资源共享的理念

信息资源共享是指图书馆在自愿、平等、互惠的基础上，通过建立图书馆与图书馆之间和图书馆与其他机构之间的各种合作、协作、相互协调关系，利用各种技术、方法和途径，开展共同揭示、共同建设和共同利用信息资源，以最大限度地满足用户信息资源需求的全部活动。

20世纪90年代，信息资源共建共享活动从系统内图书馆的文献资源的协调建设与服务共享，逐步实现了跨系统、跨地区的服务组织的建立，各种图书馆组织共同建设的庞大的文献资源系统，极大地加强了各级各系统图书馆服务读者（用户）的能力。进入21世纪以来，一些系统或地区的图书馆网络，开始与科技、教育、经济等网络连通，试图在更大范围内进行文献、信息资源的整合，探索图书馆与各种专业性信息服务机构建立共同的社会服务平台。信息资源共享的这些进展，是实实在在地存在于现实之中的。

国内有关学者从宏观角度结合现实意义解构了信息资源的共享理念，很具有代表性。在强化"信息是一种能够创造财富的资源"的意识之下，信息资源共建共享首先是一个经济学概念，经济因素对信息资源共建共享有着直接的影响。并从信息经济的兴起和发展，经济全球化的趋势，科技、文化和政治背景等诸多方面全面阐述了信息资源朝共建共享方向发展的必然性。毫无疑问，这一宏观上的分析研究让人们对信息资源共建共享理念的把握更加理性化，即其发展的外部因素并不被个人意志所影响，而是时代演绎的必然趋势，无法阻挡，并且成为一种符合大多数人对信息需求的时代文明要求。

同时，该学者又从微观角度指出资源共享有助于解决当前图书馆存在的问题及资源共享的合理性所在：（1）文献信息数量的急剧增长与图书馆有限收藏能力的矛盾加剧——共建共享则可以缓和这种矛盾；（2）信息需求的广泛性和复杂性与图书馆满足需求的能力形成强烈反差——共知的必要性。凸显共建成为缩短提供服务与受众需求之间距离的有效途径、共享成为大家的愿望；（3）网络环境使信息资源建设的整体协调变得更为必要与迫切——环境变化促使共建共享提上日程，与时俱进本身就是任何事物发展的内在逻辑，也是与时代环境相适应的必然进程；（4）信息技术的发展为合作藏书与资源共享提供重要的技术支撑——信息资源的共建共享需要技术条件的支撑，而信息技术的成熟把这种支撑转化成现实可行的共建共享实践。

在共享理念的把握上，最朴实的理解莫过于协调分工合作、资源共享的简单论述。但有一点是肯定的，那就是任何图书馆都不可能也没必要穷尽所有的文献信息资源，而是要根据自己的特色和整体规划的要求进行整体信息资源建设。在网络化环境下，各种信息需求的日益增多与图书馆服务能力的局限性造成了最为基本的"供需矛盾"，而依靠网络技术进行缓和与逐步改善，已成为大势所趋。图书馆在自身发展过程中出现的"瓶颈"也各自不同，共建共享也就各按所需予以协调。但有一点是共同的，那就是自我保障模式。这就需要馆际联合、区域合作、系统或全国性的文献保障体系的建设，走"整体规划、合理布局、优化结构、相对集中、互补共享"之路。

第三节　理论体系与流程

一、信息资源建设的理论体系

从学科体系角度来讲，信息资源建设属于应用图书馆学的一个分支学科。作为一门学科，它应该具备相应的理论体系。

信息资源建设理论体系分为四部分。第一部分为基础理论，是指导信息资源建设的总纲，它既是对微观信息资源建设的指导，也是对宏观信息资源建设的指导。第二部分为文献信息资源建设，研究内容是文献信息资源建设的理论和方法，侧重微观层次。第三部分为数字信息资源建设，研究内容是不同来源、不同获取方式的数字信息资源的选择、采集、组织和开发的方法与技术，无须区分微观还是宏观。第四部分为信息资源共建共享，主要是从宏观上研究信息资源共建共享的理论与实践问题，无疑，这里的信息资源既包括文献信息资源，也包括数字信息资源。这个理念体系全面、客观、准确地反映了当今信息资源建设理论和实践的发展现状，清晰体现信息资源建设各部分内容的逻辑联系，努力整合文献信息资源建设和数字信息资源建设的内容，使之成为一个和谐的整体。

二、信息资源建设的流程

目前，图书馆信息资源建设主要涵盖两个方面内容：一是文献信息资源建设，是指微观的图书馆藏书建设，即实体馆藏建设；二是数字化信息资源建设，包括数据库和网络信息资源建设两大部分，即虚拟馆藏建设。网络环境下图书馆的信息服务，正是通过这两方面建设得以实现。

信息资源建设的实质，是信息资源数量不断增加和质量不断提高的过程，所涉及的建设要素也是围绕"数量增加"和"质量提高"而展开的工作环节。其中，文献信息资源建设应包括馆藏文献信息资源的系统规划、文献的选择与采集、文献资源结构（包括学科结构、等级结构、文献类型结构、时间结构、文种结构）、文献资源管理水平（包括文献序化与加工、馆藏布局与排架、文献复选与剔除）、文献资源利用与评价等要素。数字化信息资源建设可细分为数据库建设、网络信息资源建设两个方面。其中，数据库建设包括数据库的引进、数据库的自建与开发；网络信息资源建设包括网络信息资源的采集与选择、网络信息资源的加工与组织、网络信息资源与非网络信息资源的比较研究、网络信息资源的类型化和体系化建设、网络信息用户的需求分析等要素。在信息资源整体建设基础上开展信息资源建设整合、利用与评价，实现信息资源的共建与共享。随着信息化的不断发展，数字化、网络化资源在信息服务中将会发挥越来越重要的作用，在馆藏资源建设中将逐渐占据主导地位。

三、信息资源建设的链状循环过程

信息资源建设是一个循环往复、周而复始的过程。基于对信息资源建设流程的分析，国内有关学者提出了图书馆信息资源建设链模型，描绘了信息资源体系形成过程的框架结构。内环为实体馆藏组建过程，外环为虚拟馆藏组织过程，内外循环在资源整合与开发处出现交融。馆藏资源既为文献型和数字型资源提供一体化存取利用，又以传统文献借阅的方式提供利用。信息资源体系在被用户不断利用的过程中逐步得到完善。

信息资源建设过程与传统文献资源建设过程的不同之处在于，它不再仅仅是单一目标和单一图书馆学范畴的发展过程，而是一个多学科、多技术相互融合，多渠道、多媒体信息集成化程度不断提高的持续过程。同时，该模型还表明，从收集信息到使用信息，其中间过程是一个完整的工作循环，或称一个完整的生命周期。只有完成一个完整的工作循环，信息资源的自身价值以及信息资源与用户需求的匹配程度才能得到完全体现。高质量的信息资源体系既需要每个环节高质量的工作，也需要每个环节之间相互关联和相互支撑，形成环环相扣的链状循环和总体螺旋式推进的过程。缺少任何一环或者任何一个环节存在缺陷，都会影响信息资源建设的总体效果。

在信息被利用的过程中，分析馆藏利用效果和了解用户新的信息需求方向，进行信息资源建设策略的再调整和新的信息采集，从而展开新一轮工作循环，信息资源建设也就开始了新的生命周期。

根据图书馆信息资源建设的链循环状态，人们会很容易联想到价值链理论。该理论把企业的所有活动均视为企业创造价值的活动，并将其比喻成一个彼此相连、环环紧扣的链条。图书馆信息资源建设的链循环状态，也完全符合价值链理论。但是，信息资源建设链循环中的每一个活动环节产生的并不是显性价值，而是隐性价值，这主要是因为信息资源的价值在绝大多数情况下是一种需求价值，而非供给价值，是在信息与需求相互融合的基础上所产生的后生价值，也就是人们常说的"利用信息资源后所形成的社会效益和经济效益"。

随着社会信息结构体系的复杂化，链循环中的各项活动所涵盖的范围和深度都在不断扩展，各环节与多维相关要素之间的交接变得更加广泛，整个链循环与用户需求和知识型服务的结合面也会不断扩大，有时会达到暂时的相互融合，从而为社会产生更多的后生价值。图书馆为实现馆藏资源价值最大化，就必须考虑提高链循环中的每一个工作环节的质量，更多的知识挖掘和知识型服务将被整合到价值链中，使整个信息资源建设过程更加趋向于合理和完善。

第三章　高校图书馆信息资源建设概况

高校图书馆信息资源建设是高校图书馆的主要业务工作之一，在高校图书馆发展中具有重要的地位和作用。本章将从高校图书馆信息资源建设框架的角度概述信息资源建设在高校图书馆中的基本情况和主要内容，详细论述传统型信息资源和数字信息资源建设在高校图书馆中开展的具体情况，让读者从整体到局部对高校图书馆信息资源建设的脉络有一个比较完整和清晰的把握。

第一节　高校图书馆信息资源建设框架

一、高校图书馆概况

高校图书馆，全称为高等学校图书馆，又称大学图书馆，是为高等学校教学和科学研究服务的图书馆，是高等学校的文献情报中心。高等学校图书馆是学校的文献信息资源中心，是为人才培养和科学研究服务的学术性机构，是学校信息化建设的重要组成部分，是校园文化和社会文化建设的重要基地。图书馆的建设和发展应与学校的建设和发展相适应，其综合水平是学校总体水平的重要标志。

按照教育部对学科门类划分和各学科门类的比例，将高校分为综合性、师范类等12个类别。还可以按科研规模将高校分为研究型、研究教学型、教学研究型和教学型四类。此外，还有按照所属关系、按照培养人才去向等标准进行划分，高校图书馆的类别亦可参照高校的分类标准。本节对高校图书馆的划分均采用高校图书馆事实数据库中的划分标准。

二、高校图书馆信息资源建设现状

（一）高校图书馆信息资源体系

图书馆信息资源体系是由信息资源类型、信息资源内容、信息资源管理、信息资源评价四方面内容组成，科学、合理的信息资源体系可以最大效率地发挥信息资源保障作用，为学校整体的建设与发展保驾护航。

1.信息资源类型

高校图书馆信息资源的类型划分标准众多。在图书馆学领域中，最常见的划分方法是按文献的载体形式进行划分，可以分为传统型文献信息资源、缩微型文献信息资源、数字型文献信息资源。

传统型文献信息资源包括图书、期刊、报纸、图片、画册等。数字型文献信息资源包括记录在磁带、磁盘、光盘及其他存储介质上的电子型文献资源，还有通过计算机网络收集、整理和传输的可供利用的保存在图书馆外的资源，又称虚拟型文献信息资源或网络型文献信息资源。网络型文献信息资源又可以分为电子图书（学术专著、学位论文、教科书、标准、技术报告等）、电子期刊（出版商电子期刊、学会电子期刊、寄存集成商电子期刊）、工具型资源（考试系统、管理平台、文献管理软件等）、学习型数据库（以语言学习、素质教育为主的文字、多媒体类型资源）、文摘索引数据库（综合性、专业性）、数值型数据库（经济、金融类统计数据库）、集成商全文数据库（报纸、期刊等混合型全文数据库）七种类型。

2.信息资源内容

信息资源内容一般来说是按照图书馆图书分类体系，针对学校学科专业设置和学生培养方案中培养目标的设立来划分的。按照用途或设立目的可分为以下五种：

（1）教学型信息资源

高校图书馆的首要任务是建设全校的文献信息资源体系，为教学、科研和学科建设提供文献信息保障。

从高校自身职能来看，教学职能是大学最早也是最重要的职能，在欧洲中世纪大学产生的时候就已经存在。到了近现代，大学的功能日益丰富，但教书育人依然是大学的首要职能。因此，高校图书馆在决定馆藏文献信息资源结构的时候，教学资源自然也需要排在首位。高校图书馆教学文献信息资源主要包括教材、教学参考资源、教学辅助资源（课件、视频、教学素材、挂图等）等方面资源。

目前高校图书馆在教材收藏上存在分歧，有的高校认为教材属于学生必备用书，图书馆无须再划拨经费进行收藏，其实这种认知是不全面的：首先，大学教材并不是统一发行，统一书目的，而是各学科专业教师在开课时选取适合这门课程、比较经典的图书作为教材，教材本身就具有颇高的收藏价值；其次，大学教材自从取消硬性报订以后，学生并不是人手一本教材，图书馆收藏教材也可解决一部分学生的文献需求；更为重要的是，如果能够系统地收藏学校所有学科专业各个时期的教材，也可以形成特色馆藏，展示出学校学科专业发展变迁的历史，起到传承学校自身文化的作用。

除教材外，本校教师的教学视频、教学课件、教学大纲，还有本校教师的书法、绘画作品，退休教师的教学笔记、著作的手稿等都可以纳入馆藏收藏范围，同样可以给正在或以后到校的教师、学生提供示范和参照，形成学校独有的教学传统，打造图书馆的教育特色资源。

（2）科研型信息资源

在高校职能中，科研与教学并重，高校是科研人才汇聚的地方，从国家到地方，每年大部分的科研成果都产出于各所高校以及下属的科研院所。高校教师一般都会对科研有硬性要求，做好科研工作，也是高校教师自身发展的需要。支撑学校的科研职能，图书馆也需要在资源上做好保障工作。

相对于教学资源，科研资源专业性更强，受众对象更狭窄，一般只针对研究生以上的学生和教师，本科生参与较少。这就要求文献资源建设要有层次性和阶梯性，要能准确应对不同层次读者的文献需求。科研资源更多倾向于数字信息资源，因为数字信息资源更新、更快，检索和利用都更便捷。正是基于这个原因，重点高校的数字信息资源所占比例要高于传统型文献信息资源所占比例。

文献信息资源对于科研的支撑还体现在文献工具的运用上。近年来，文献管理软件或平台逐渐为科研人员所习惯和依赖，同时，数据库自带的学科前沿分析、发展趋势预测、相似性查重、知识图谱的引入等多元化辅助功能都大大促进了科研的效率，提升了学校科研质与量的全面提高，凸显了图书馆文献资源建设在科研进程中的辅助作用。

（3）学习资源

大学里，学生才是学校的主体。所谓教书育人，学生是接受知识的对象，也是高校图书馆最主要的服务群体。引导学生阅读，为学生打造良好的阅读氛围，是当今高校图书馆开展阅读推广工作的主要任务。相比环境和氛围，更重要的就是文献信息资源的质量和契合度，这也是图书馆在收藏学习型文献信息资源时需要着重努力的方向。

学习型信息资源按照目的不同可分为两种，一种是专业学习资源，是在专业学习过程中，与教材或专业方向具有一定关联的资源，它比参考书的范围要广，而且并不是针对教材的解释。丰富的专业学习资源，可以让学生建立起比较完整的专业体系，开阔眼界，使学习达到触类旁通的效果。另一种是以实现自我发展为目的的应试类资源，也在学习资源范畴中，但又不同于大学正式开设的课程。

（4）文化传承

保存和传承优秀文化，是图书馆最原始和最本质的功能。高校图书馆在文化传承与发扬方面，主要从两方面入手：一是按照对高校图书馆文献信息资源建设主要任务的规定，即以本校文献信息资源的收藏实现文化传承；二是继承和发扬社会文化，包括中华优秀传统文化、社会主义先进文化、人类优秀文化等，这也是大学图书馆设立的初衷之一。

从文化传承的角度出发，高校图书馆在构建馆藏信息资源体系时，不仅要考虑图书的专业性和利用率，而且要放开眼界，注重文化经典和专业经典的收藏，注重本校教师论著和毕业论文、博硕士论文的收藏，尤其是不易保存的设计类作品、影视类作品、音频类作品等。注重文化传承，培养文化自信，实现文化育人的目的。

（5）素养提升

高校图书馆除了上述必须囊括的文献信息资源建设内容外，还有一类信息资源也是必不可少的，即以提升学生综合素养为目的的素养提升型文献信息资源。大学不同于中小学，其学习模式由教师传授转换为自主学习，大学时期是学生形成和完善自身文化体系、提升综合素养的最重要阶段，图书馆是助力学生实现这一目标的最重要场所，因此，馆藏文献信息资源体系中，应从学生发展的各个角度——"德、智、体、美、劳"等诸方面进行收藏，实现全面育人。

3.信息资源管理

（1）信息资源采购

信息资源采购是高校图书馆信息资源建设的基础工作之一。伴随着计算机、网络技术的应用，信息资源内容与形式的变迁和丰富，信息资源的采购原则、标准都发生了很大的变化，信息资源的采购方式也呈现出多样化。这一些新的方式为高校图书馆的信息资源采购提供了更多的选择。

目前，各高校图书馆的采购方式主要有预订、现采、网购、函购、集团购买、受赠、交换、呈缴等几种。其中，预订是高校图书馆最为传统的一种采购方式；现采是近年来高校图书馆的一种主要采购方式；网购是近年来新兴起的图书补充采购的一种主要方式；函购随着网络的发展已很少被采用；集团采购是最重要的一种电子资源采购方式；受赠、交换、呈缴则是辅助的、免费的获取资源的采购方式。高校图书馆在信息资源采购过程中都是将多种采购方式综合加以运用。

（2）信息资源的复选与剔除

任何一个图书馆在建设设计时，都有一个藏书的限度。这个限度如果是在考虑了近期和长期需要的情况下确定的，就是一个图书馆必要藏书的合理限度。近年来，随着数字信息资源比例的逐渐提高，虽然数字信息资源对于物理空间的需要没有传统型馆藏那么大，但也有其自身的代谢规律，同样需要经过复选与剔除的过程。

馆藏复选需要掌握好文献入藏前复选和入藏后复选两个工作程序。文献入藏前的复选，是指通过文献验收工作程序控制，先通过复选，将初选不当的文献挑出，然后再将其余文献整序入藏。文献入藏后的复选，即藏书剔除，是指图书馆根据一定的原则和标准，对已入藏文献进行筛选处理的过程。二者以入藏剔除最为重要。馆藏体系的形成是一个动态的发展过程，在这个动态的发展过程中，既要不断补充新的馆藏，又要不断通过复选，剔除那些已经失去使用价值的馆藏，这样才能不断净化和完善馆藏体系，提高馆藏质量。

馆藏复选一般按照近期和长期目标分为两步；第一步，将内容过时或外观陈旧，利用率低且已达到本馆复选标准的馆藏调拨至二线书库，也有的馆叫基藏书库，可以密集摆放，减少存储空间；第二步，从二线书库中将确实失去保存和利用价值的文献，从馆藏中剔除，申请固定资产报废，或装箱处理，集中存放。

4.信息资源评价

馆藏文献信息资源评价，在传统图书馆中原是信息资源管理的一部分内容，但在现代图书馆中，其重要性越来越大，逐渐形成了自身比较完备的评价体系，已成为图书馆文献信息资源建设体系的重要组成部分。

就目前来看，馆藏文献信息资源评价是图书馆业务工作的中心环节，也是评价采访人员工作质量的重要依据。在由传统图书馆向数字图书馆发展过程中，通过馆藏评价可以更好地了解馆藏的使用情况，如馆藏文献资源是否符合本馆馆藏宗旨和图书馆的发展目标、文献购置经费是否得到合理地使用，为制定和调整馆藏建设的方针、分配文献购置经费、改进采访工作、提高采访质量提供理论依据。馆藏文献信息资源评价既是图书馆文献资源建设的最后一个环节，也是高校图书馆文献资源建设的一个新的循环起点，它对于实现高校图书馆文献信息资源体系，对于学校教学科研的支撑和自身的可持续发展都具有非常重要的意义。

三、高校图书馆信息资源建设总体发展特征

（一）信息资源采访工作朝着现代化、网络化、集成化和标准化方向发展

由于计算机技术、通信技术和网络技术的快速发展和广泛应用，高校图书馆信息资源建设的采访工作朝着自动化、网络化、集成化和标准化方向发展，主要表现在：

第一，采访手段的现代化。随着计算机和图书馆集成管理系统的应用，一直困扰采访人员的查重问题迎刃而解，现今文献采访完全实现了机选图书、电子书目选书、网络传递订单、上机验收核对订单、网络购书等一系列工作，使采访工作变得省时、省事而且准确无误，工作效率得到极大提高。

第二，书目信息采集的网络化。网络环境下，书目信息采集的绝大部分

工作都将在网络上完成。高校图书馆在网络上建立自己的站点，注明本单位文献采集的重点、主要用户群、信息服务范围等内容，这有利于对口的出版发行机构推送适宜的书目信息。各信息出版发行机构定期把新书目通过电子邮件等形式推送给高校图书馆。采访人员收到书目信息后，就可直接从中选订本馆需要的书目信息。

第三，采访系统的集成化。包括两个方面：一方面是采访系统应该对本系统的各个文档、各种数据进行集成化管理。一些常用数据、公共数据无须在每一个文档中都保留一份拷贝，只需要在主控文档中设置一份即可。各个文档、各个模块在需要时从主控文档中全部或截取某些字段转入本文档或模块中。这样可以以最小的数据冗余来实现数据共享，节约数据存储空间；另一方面是采访子系统与其他子系统间要能够互相利用各种数据，互相利用各自工作成果，采访子系统与其他子系统之间需要进行集成化管理。一次输入数据供多个子系统共同使用，提高图书馆集成管理系统的自动化程度。

第四，采访工作的标准化。网络环境下，采访工作离不开信息传递与信息交换。标准化是实现信息传递和信息交换的必要条件，可以保证不同类型的系统之间进行无障碍交流和沟通，实现网上的可交互操作，提高采访工作的速度和效率。采访工作标准化的内容包括书目信息数据格式标准化、信息传递模式标准化、不同系统之间计算机硬件与软件的兼容、信息检索工具的兼容、信息交换协议的一致性等方面。

（二）信息资源组织发生变革，向着高速化、复杂化、系统化、网络化方向发展

1.信息资源组织的变革

（1）对象变革。传统纸质文献，主要指传统型的出版物，如图书、期刊、会议文献、科技报告等，它们曾是信息组织的主要对象，而现在网络信息组织占据的份额越来越大，对数字信息资源，如声音、图像、多媒体的组织，成为信息组织的主力军。

（2）技术变革。Web3.0其实就是建立在Web2.0基础上，并实现了更加"智能化的人与人和人与机器的交流"功能的网络模式。在信息组织时，Web3.0技术为广大用户提供了一个基于用户个性化需求的智能、高效和综合

的解决平台。通过整合各种不同的网络信息资源，整合不同的用户需求，再根据用户的兴趣和需求，提供最为有用的信息聚合，以满足用户的个性化需求，进而提升用户获取和使用信息的效率和质量。

（3）主体变革。以往信息组织的主体一般由专门机构的文献组织担任，如今互联网组织、商业网站和学术界也逐渐加入了信息组织主体的阵营。

2.信息资源组织的发展趋势

（1）信息资源基数巨大，增长迅速。高校图书馆的馆藏囊括和覆盖了世界大多数学术资源，其数量是无法估量的，且伴随信息资源总量的增加而迅速扩充。

（2）处理与传递信息的速度加快。利用现代化的技术整改工作流程，将管理板块升级，利用现代化的方式处理、加工信息，效率得到极大提高。

（3）信息处理方式复杂化。因为电脑技术的发展，信息处理方式的发展也日趋多样化、复杂化，更加多样的方式使得信息处理更加完整与丰富。

（4）信息资源处理的系统化。网络的发展催生了海量的信息出现，但如果信息处理还像以前一样方式单一，终有一天整体系统会面临崩溃。如今的系统化压缩、解读、解码等一系列程序打破了以前的常规处理模式，将海量信息通过系统化、程序化处理后，形成井然有序的信息资源。

（5）信息资源网络化。当今时代已进入网络化、全球化、多媒体的时代，信息资源自然也需要网络化，各个节点、步骤通过网络技术这张形象的大网统统联系在一起，更有利于其发展和推广。

（三）信息资源存储朝着云存储方向发展

信息资源存储的发展趋势——云存储。云存储是云计算的拓展和延伸，是一种新兴的网络存储技术。云存储指通过集群应用、网络技术或分布式文件系统等功能，将网络中大量各种不同类型的存储设备通过应用软件集合起来协同工作，共同对外提供数据存储和业务访问功能的一个系统。

当云计算系统运算和处理的核心是大量数据的存储和管理时，云计算系统中就需要配置大量的存储设备，那么云计算系统就转变成为一个云存储系统。简单来说，云存储就是将储存资源放到云上供人存取的一种新兴方案。

使用者可以在任何时间、任何地方，通过任何可联网的装置连接到云上，可方便地存取数据。

（四）信息资源建设评价由传统型信息资源评价为主向数字信息资源评价为主的方向发展

图书馆馆藏传统型信息资源评价研究的主体是纸质图书和纸质期刊，其评价内容一般包括数量评价、质量评价、利用评价三个方面，每个方面都有相应的评价指标，且评价方法多以定性为主。随着数字信息资源在馆藏中所占比重的逐渐增加，数字信息资源的评价引起我国图书馆界的普遍关注，对数字信息资源的评价研究由最初的对商业数据库的评价研究，发展为电子资源评价指标体系的建立，接着采用系列定性和定量评价理论与方法模型开展数字资源评价研究，这些对数字资源评价理论的创建和数字资源评价实践活动的广泛开展具有开拓意义。因此，高校图书馆有必要对数字资源评价指标体系的完备性、科学性及其各种影响因子进行更加深入地探讨、分析和提炼，制订更加完善、科学、合理的定量指标体系；寻求更为有效的方法支撑数字资源评价模型；开发和研究新的、有效的技术手段实现理论与实践的有机结合，以期数字资源评价理论在图书馆事业发展实践中彰显其价值，并使之日臻完善、科学。

（五）信息资源建设保障体系向可持续发展的方向发展

信息资源保障体系的可持续发展，既指信息资源数量的增长，也包括资源质量、响应速度、新颖性的要求。因此，信息资源建设应走既注重资源范围、数量的外延扩展，又重视内容高品质的建设道路，应坚持"以用户为中心""以用为主，为用而藏"的观念，对现有资源进行深度挖掘、开发和利用以及对未来资源的合理配置。

首先，特色资源建设的可持续发展。特色是生存之本，是图书馆持续发展的物质基础，各高校图书馆一直坚持紧抓特色资源建设，从学科特色、本地区地方特色和本馆收藏特色加强特色化建设。

其次，持续坚持知识产权保护。知识产权问题是图书馆信息资源建设所面临的最为复杂的问题之一。网络环境下，图书馆一方面要将大量的数字化信息纳为己有，为己所用，成为虚拟馆藏的一部分；另一方面要将图书馆本身所收藏的特色文献资源进行数字化，并通过因特网供用户查询使用。无论采用哪一种做法，都势必涉及知识产权问题。图书馆作为社会知识、信息的集散地，既要使信息共享交流符合法律规范，保护知识产权不受侵犯，又要充分利用知识产权制度的积极作用，促进信息资源的共享。这是信息资源保障体系持续坚持的工作。

最后，虚拟资源永久使用保障的持续发展。随着图书馆拥有的和可存取的数字化资源越来越多，数字化资源的持久保存问题也越来越受到图书馆界的重视。对数字化资源的永久保存，既要依赖技术、工具和管理机制，又要从图书馆的发展战略考虑对分布的、异构的虚拟信息资源的永久保存，以确保对购买的信息资源拥有实际的、永久的使用权。这既包括和出版商、提供商之间进行谈判、签订协议，以法律手段保障图书馆对资源的永久使用权，也包括采取技术手段保障永久使用。

（六）信息资源共建共享朝着云图书馆方向发展

云图书馆就是虚拟的、没有围墙的图书馆，是基于网络环境下共建共享的可扩展的知识网络系统，是超大规模的、分布式的、便于使用的、没有时空限制的、可以实现跨库链接与智能检索的知识中心。它借鉴图书馆的资源组织模式、借助计算机网络通信等高新技术，以存取人类知识为目标，创造性地运用知识分类和精准检索手段，有效地进行信息整序，使人们获取信息消费不受时间、空间限制。其服务是以知识概念引导的方式，将文字、图像、声音等信息网络化，通过互联网传输，从而做到信息资源共享。每个拥有任何电脑终端的用户，只要通过联网，登录相关云图书馆的网站，都可以在任何时间、任何地点方便快捷地享用世界上任何一个云图书馆的信息资源。这是任何一个图书馆，包括高校图书馆在内的未来发展趋势。

第二节　传统型信息资源建设

一、高校图书馆纸质图书建设基本内容

（一）制订馆藏图书建设规划

纸质图书在馆藏中的地位虽然逐渐让位于数字信息资源，但馆藏纸质图书的建设仍然是图书馆信息资源建设的主体，其发展体系的复杂性也是数字信息资源无法比拟的，因此，做好馆藏图书建设规划，对于建立科学合理的馆藏图书体系具有非常重要的作用。

1.明确馆藏建设发展目标

高校图书馆需要围绕学校的发展目标，从学校的教学、科研工作出发，制订本馆的总体文献资源建设发展目标，明确纸质图书在馆藏建设中的地位和作用。

2.制订各学科专业经费分配比例

在纸质图书采访之初，需要根据学校的发展方向，合理配置各学科专业的投入比例，在图书采购过程中，根据配置好的比例及时调整图书采购数量，保障藏书建设的系统性。

3.构建分级藏书体系

无论是高校图书馆还是公共图书馆，其所面对的读者的知识水平和阅读能力以及阅读目的都是不同的，现代图书馆学将其按阅读目的进行了划分，同时对应的馆藏级别也进行了划分，一个优秀的馆藏体系，其各级别的位置和规模都应该与学校实际读者群体相对应。

4.藏书管理政策

确定有关藏书的加工、整理、保存、传递、借阅、复选等管理方面的标准和程序。

5.合作藏书发展政策

确定合作藏书的目标、任务、参加合作馆的入藏范围、应该承担的责任、文献的报道和共同利用。

6.馆际互借与资源共享政策

明确图书馆在馆际互借与资源共享方面的权利与义务、文献传递的方法和程序，通过政策的作用，调节和平衡馆际互借中的利益关系，使参与互借与资源共享的各馆都受惠。

（二）制定馆藏图书采访政策

图书采访政策是指图书馆在文献采访工作中为实现采访目的而实行的方针和政策。图书采访政策是指导纸质图书采访的纲领，是纸质图书采访人员采访行为的标准和参照。

1.馆藏图书采访原则

采访原则是采访工作的依据，主要包括采购图书的范围、复本、时段、价格等。

2.馆藏图书的结构、类型和级别

考虑本馆藏书现状和学校专业设置、学科建设发展需要，对本馆采访文献的结构、类型和级别加以规定，确定哪些文献是采访重点、哪些是全面采访、哪些需要适当采访等。

3.馆藏图书的获取方式

对图书主要获取方式的操作流程、参照标准进行说明和规定。

（三）建立馆藏图书建设制度

1.经费管理制度

包括图书经费的分配预案、采访人员的使用权限、经费的审批程序、报账程序与标准等。

2.采访工作规范

包括采访方案的制订、采访方式的确定、书商的选择、各个环节的标准化程度、采访结束时的分析报告等。

3.监督检查办法

包括对图书质量、采访人员操作程序、书商供货和加工等监督检查。

（四）规范馆藏图书建设流程

（1）制定馆藏图书建设的相关规划、政策、制度。

（2）做好图书需求情况调研，确定采购重点。

（3）执行图书采访方案，完成采访任务。

（4）入馆图书的加工与入藏。

（5）馆藏图书的复选与利用。

（6）馆藏图书的评价与推广。

二、高校图书馆纸质报刊建设基本内容

（一）报刊采访的依据

1.报刊内容的主题和学科归属

这是图书馆采选报刊的基本依据，在传统高校图书馆选择期刊往往更多地考虑学校的学科专业设置，保证每个学科专业均有对应的报刊，在经费允许的情况下，尽量收全。

2.读者需求量

读者需求是图书馆所有馆藏建设的主要驱动力之一。近年来，高校图书馆纸质期刊规模不断缩减，尤其是普通本科院校图书馆，每年都会进行大规模缩减，其主要原因之一就是读者需求量不断减少。

3.期刊的质量

在纸质期刊需求与收藏大规模缩减的情况下，期刊质量成为高校图书馆保留期刊的主要参考因素，大部分图书馆会尽量保留各个学科专业的核心期刊，如果无法全部保留，也会按照期刊的影响，从后往前进行减订。

（二）报刊收藏的特点

1.连续性

报刊最本质的出版特征就是连续性，馆藏报刊采访切忌时停时订，重要报刊要保持连续稳定，保持其系统完整。

2.系统性

主要体现在某个学科或专业的报刊收集要齐全完整，尤其是学校重点或特色发展的学科专业，不仅要保障核心期刊的完整，而且要尽可能将相关期刊收录齐全，在经费允许的情况下，还要将相关的外刊也完整收录。

3.时效性

报刊的采选具有明显的时效性和周期性，要严格按照采选周期进行，如果错过，很难再补充完整。

（三）报刊复选

1.装订

报刊有其独有的复选过程，当年出版的期刊我们称之为现刊，一旦时效一过，就需要遴选重要的报刊进行装订，成为过刊。

2.增订或减订

每年报刊征订前，都应该进行读者意见的收集，结合实际使用情况，对报刊的品种进行修订，原则上不能大幅增减，要保持报刊的连续性和系统性。但近年来，由于纸质报刊利用率持续走低，逐渐为电子报刊所取代，各高校图书馆都在削减自己的报刊品种，打破了原有的报刊订购规律。

三、灰色文献建设

这里的灰色文献主要指传统型灰色文献。灰色文献这个术语的广泛应用始于20世纪70年代，主要是指非公开出版、非密级限制的文献，目前尚无统一的定义。其类型划分包括报告、博硕士学位论文、会议文献、技术规范与标准、非商业性翻译、书目、技术与商业文件、非商业出版的官方文件。灰色文献涉及领域广泛、出版灵活、信息快捷、内容丰富，往往具有特殊的参考价值，是一类重要信息资源。高校图书馆应尽可能收集各种类型的灰色文献以丰富馆藏，提高信息服务能力，促进教学科研和学科建设的发展。

高校图书馆收集的灰色文献类型主要有学位论文、会议文献、预印本以及专利、标准、报告等。从高校图书馆对灰色文献的收藏情况可以在一定程度上折射出全国图书馆对灰色文献的收藏情况。

（一）学位论文

学位论文是高校收藏、开发的重点，基本所有高校都有本校论文提交系统以及学位论文自建数据库，范围涉及本校的本硕博学位论文，价值巨大。一般是各高校图书馆作为本校学位论文收藏单位。

总体来看，我国在学位论文收集数量和学科范围上取得了一些进步，但也存在收藏单位之间相互独立，各自按照各自的标准进行收集与组织，造成了极大的重复浪费。

（二）会议文献

全国大约有一半高校注意会议文献的收集工作，时刻关注国内外专业学术会议召开的信息，及时与会议联系，以便取得会议文献。同时，建立健全本校的会议文献呈缴制度，要求科研人员参加专业学术会议归来后，及时将会议文献送交图书馆收藏。

（三）教参资料

教学参考资料主要包括：一是教学文献，如教学大纲、教学课件、教学案例、教学研究和习题、试题等；二是科研文献，如科研立项、结题、科研成果、科技学术交流等。但只有不到一半的高校有意识地将本校的教参资料进行收藏、开发，供读者检索、利用。

（四）预印本

对于预印本，没有引起高校的普遍关注，只有少数学校建立了预印本中心。

总之，从全国高校灰色文献建设来看，高校灰色文献建设是一个不容忽视的业务领域，对于高校科研具有很大的价值。高校图书馆应重视灰色文献资源的建设，努力解决建设过程中出现的问题，加快灰色文献的开发建设步伐，为高校教学、科研提供更加高效的服务。

四、古籍建设

（一）古籍建设概况

高校图书馆的古籍资源一般是在20世纪90年代以前完成建设的，进入21世纪以后，一般高校的经费状况已经无法应对古籍资源的天价，古籍资源则逐渐淡出了图书馆的采访范畴。高校图书馆更多地将目光放在了已有古籍的保护与开发上。

（二）古籍保护、整理和利用

近年来，各高校图书馆同期开展了馆藏古籍的保护、整理和开发工作，使各高校图书馆古籍保护意识得到了提高，基本完成了古籍整理与普查工作，建立了本校的古籍名录，确定了本馆拥有的善本，大大推进了古籍开发利用工作。

目前，高校图书馆针对古籍可为读者提供的服务主要有提供参观和阅览、原版古籍文献传递服务、原版古籍复制服务、古籍有偿出借展览、古籍保护人才培养等。但服务开设普及率并不高，提供古籍服务的高校占比不到高校总数的1/7。古籍阅览室开放时间多数为每周30小时～50小时。

而对古籍进行较深层次的开发利用的仅有少数图书馆。有部分高校图书馆与本校相关专业进行古籍联合开发，具有独立整理开发能力的图书馆极少。

第三节　数字型信息资源建设

数字信息资源与传统型信息资源共同构成图书馆信息资源体系。随着信息技术的迅速发展和网络环境的日臻完善，许多高校数字信息资源不仅在数量上所占比重越来越大，而且用于购买数字信息资源的经费也远远超过了传统型信息资源的经费。数字信息资源在图书馆所提供的服务中日益发挥着传统型信息资源无法比拟的作用，数字信息资源在生产、存储、传递和载体形态等方面与传统型信息资源具有明显不同的特点，而且，对数字信息资源的采集、组织、加工、管理也具有与传统型信息资源完全不同的内容与方式。高校图书馆常见的数字信息资源按照形式可以分为数据库、网络资源和电子出版物三种。传统图书馆中数字信息资源主要是电子出版物，随着数字技术和网络的不断发展，光盘等电子出版物已经逐渐退出市场，在图书馆的收藏体系中的比重也逐渐降低。数据库的份额越来越大，成为数字信息资源的主体，网络资源的比重也逐渐上升，加大了网络资源的比重。

一、数据库建设基本内容

（一）数据库建设的目标

高校图书馆数据库建设的目标主要包括数据库资源在数字信息资源中所占的比重、所处的位置和最终要实现的效果。对高校图书馆来说，数据库已经成为图书馆支撑学校教学和科研的主要资源保障手段，尤其是对科研的支撑，已经到了不可或缺的地步，同时，数据库本身的特征和价格又与纸质图书不同，不能完全按照学科专业来配置，那么，在建立数据库建设的目标时，就要设置近期和长期两个目标。

近期目标主要考虑的是学校当前重点发展的专业和学科，衡量自身的经费状况，优先进行保障。长期目标则是要求图书馆制订数据库建设总体发展规划，最终要实现对哪些学科专业进行覆盖及其覆盖的程度，同类别数据库选择何种品质，都是数据库长期发展规划中需要考虑的因素。

（二）数据库的选择标准

1.内在价值

（1）内容：权威性、学科覆盖面、精确性、及时性、回溯期等。

（2）检索系统：界面、检索功能、输出功能、系统管理、辅助功能等。

（3）访问方式：身份认证、稳定性等。

（4）售后服务：说明文件、培训、故障恢复、个性化保障、数据库使用统计分析等。

2.需求状态

（1）读者需求：专家意见、读者反映、对应传统型文献的使用情况、试用情况等。

（2）相关性：学科相关性、知识水平相关性等。

（3）馆藏补充能力：品种增量、复本增量、版本优先度等。

（4）资源共享环境：需求量大小、资源共享渠道等。

（5）价格：总体价格及预算、价格涨幅及经费保障能力、不同版本的价格比较等。

3.二次文献数据库

覆盖面、索引质量、查全率和查准率等。

4.全文数据库

内容的稳定性、独家期刊、时滞等。

（三）数据库的采访流程

1.试用

数据库具有特有的采访流程，因为数据库自身的昂贵和内容的复杂，需要提供给用户进行试用，以了解数据库的特征和功能，收集体验数据，为采购提供决策依据。

2.选择采访方式

（1）单馆采购：这种采购方式通常指各图书馆作为独立的用户，独自与数据库制造商或代理商进行谈判，签订协议购买所需数据库。采取这种方式采购的通常是价格较低但利用率较高的数据库，或者是数据库商外售权限要求。

（2）联盟采购：基于资源共享、互惠互利的目的，各馆结成同盟共同购买同一数据库，按用户规模和使用频次分配支付费用。多用于大型数据库的购买，且数据库商支持联盟采购。

（3）集团采购：集团采购同样是以联盟的形式购买数据库，但并不是按比例支付费用，而是利用规模优势，进行价格谈判，以最低的价格实行独立购买。目前集团购买分为全国集团、地区集团和省集团三种类型。集团采购是目前高校图书馆采购数据库的最主要方式。

3.论证

数据库采购涉及经费额度较大，在采访之前必须经过周密的论证，邀请专家、用户对数据库的性价比、适用性等进行全方位论证，为采访决策提供依据。

4.招标

目前，数据库采购一般会采用政府采购中单一来源方式进行招标。

5.续订

一般对使用情况较好的数据库进行续订，续订可免去试用和论证两个阶段，一般参考上一年度使用数据即可。对于连续使用情况不好的数据库，在充分调研和论证的基础上可以进行退订操作。

（四）数据库的宣传与推广

数据库的宣传与推广相对于传统型文献资源更加重要，一般在试用期间即可进行，其推广内容主要有两个方面：一是数据库的基本情况；二是数据库的使用方法。

（五）数据库的管理与维护

数据库的管理与维护主要体现在对数据库内容更新的关注和追踪，对数据库出现问题的反馈和沟通，对数据库使用效果的评价和分析等三个方面。

（六）数据库的评价

数据库评价是数字信息资源评价的主体部分，对数字信息资源进行评价是数字信息资源采购必不可少的一环。高校图书馆需要对数字信息资源评价指标体系的完备性、科学性及各种影响因子进行更深入的探讨、分析和提炼，制订更加完善、科学、合理的定量指标体系，寻求更为有效的方法支撑数字资源评价模型。

二、网络资源建设概况

网络资源主要指在网络上可以公开获取的信息资源，主要分为两类：一是普遍存在于网络上的普通资源；二是开放存取资源，即支持开放存取的网络学术资源。高校图书馆的主要关注对象是网络学术资源。

（一）开放存取资源的类型

国内外对于开放存取资源的类型划分，目前尚无统一的标准，现在实现开放获取主要有两种途径，一是通过期刊实现开放获取的金色网络学术资源，另一种是通过知识库实现开放获取的绿色网络学术资源。这两种途径决定了互联网上网络学术资源的生存空间与环境。不论是金色网络学术资源，还是绿色网络学术资源，每一种资源对于用户都是免费开放的，但是开放程度却不尽相同。基于网络学术资源赋予用户的权利和开放程度，网络学术资源主要可以划分为两大类，一类是不需要用户付费获取，但只能在合理使用范围内使用的网络学术资源，有人称其为免费网络学术资源，即相对于原先的付费资源，只是移除了费用障碍；另一类是不需要用户付费获取，同时也赋予用户部分或全部使用权限的网络学术资源，有人称其为自由网络学术资源，即移除了费用障碍和部分或全部使用障碍。免费网络学术资源依旧受版权保护，开放程度相对固定；自由网络学术资源的开放度由利益主体决定，因此形式多种多样。

（二）开放存取资源发展现状

1.资源类型丰富，潜在类型多样

网络学术资源，特别是绿色网络学术的发展推进了更多类型资源成为网络学术资源，从最初的文本，拓展到图片、视频、音频等资源类型，逐渐涵盖了数据、源代码、课件等类型资源。

2.专业性强，领域广泛

网络学术资源起源于学术与技术研究成果，专业性强，价值高。涉及的学科领域已经从自然科学、医学，发展到人文艺术、社会科学、工程技术等多个专业领域。

（三）我国高校图书馆开放存取资源建设现状

目前，高校图书馆开放存取资源建设主要有以下问题：（1）高校图书馆对开放存取资源开发率低，数量较少；（2）高校图书馆对开放存取资源名称设置不统一；（3）高校图书馆对开放资源的组织展示方式存在差异；（4）高校图书馆开放资源链接数量偏少，维护更新较慢，有的资源并不是免费资源；（5）高校图书馆对开放资源整合能力存在差距；（6）高校图书馆对开放资源宣传度低，造成读者对开放资源认知度低。

针对目前各高校图书馆开放存取资源建设中存在的问题，高校图书馆应该尽快制订有效的开放存取资源建设策略，积极、主动、认真地研究开放存取资源这一全新的信息资源交流机制，改变自己的服务理念与传统的管理模式，成为开放存取资源的倡导者、参与者，使开放存取资源能真正为学校教学科研服务。

三、电子出版物建设概况

（一）电子出版物建设概况

1.电子出版物定义

电子出版物是指以数字代码方式，将有知识性、思想性内容的信息编辑加工后存储在固定物理形态的磁、光、电等介质上，通过电子阅读、显示、播放设备读取、使用的大众传播媒体，包括只读光盘、一次写入光盘、可擦写光盘、软磁盘、硬磁盘、集成电路卡等，以及新闻出版总署认定的其他媒体形态，使更多的人方便查阅。

2.高校图书馆馆藏电子出版物现状

伴随电子技术及存储技术的不断变革，高校图书馆收藏的电子出版物也在不断演化，磁盘、缩微胶片、录像带等传统的电子出版物已经逐渐退出馆藏信息资源的行列。目前，高校图书馆馆藏中的电子出版物主要包含光盘和移动存储设备两种类型。数据库资源已经逐渐发展壮大，从传统电子出版物中独立成单独的资源体系。而以光盘作为介质的电子出版物现在也在逐渐式微。随着网络日新月异的发展，新的云存储技术逐渐取代了所有的实体存储，在不久的将来，网络将成为所有电子出版物最重要的载体，电子出版物这种资源类别也将归到网络资源中，成为文献发展中的一段历史。

（二）电子出版物采访方式

1.订单采购

对于光盘型电子出版物，图书馆是通过产品目录、征订目录向电子出版发行机构订购，还可以通过互联网了解信息，依靠网络直接向出版商等发送电子订单，根据本馆的实际需求采购质量高、有价值的电子出版物。对于网络型电子出版物，最常用的工具是网络搜索引擎和书商开发的电子出版物平台。

2.现场采购

每年的书展都会有电子出版物展示区，或者电子出版物供应商也会不定期组织电子出版物展销，利用这种机会进行现场采购，是高校图书馆获取电子出版物的主要途径之一。近年来，电子出版物市场不断萎缩，现场采购能够获取的相关资源也在逐渐减少，电子出版物的采访将更多地依赖于订单采购的方式。

第四章　高校图书馆信息化相关技术

第一节　条码技术

一、条码的基本概念

（一）定义

"条码"，又称作"条形码"。为了统一名称，国家标准定义为"条码"。

条码是"一组表示一定的信息，由规则排列的条、空及其对应字符组成的标记"。在这一定义里表述了如下三层意思：一是条码由条码符号（包括空）和字符所构成；二是条码符号与字符是对应的关系，即二者所包含的意思是完全相同的；三是条码表示一定的信息，如图书上的条码表示图书的序列号。

（二）码制

条码的码制是指条码符号的类型，符合特定编码规则的条和空组合而成各种类型的条码符号。每种码制都具备固定的编码容量和所规定的条码字符集。所以，条码字符中字符总数不能大于该种码制的编码容量。

（三）字符集

条码字符集是指某种码制所表示的全部字符的集合。字符有时也称代码，它包括一组十进制数字和某些英文字母以及某些特殊符号。要采用哪些字符，是由条码的用途决定的。

（四）结构

以一维条码为例，其组成由两侧空白区、起始字符、校验字符、数据字符（可选）、供人识别字符和终止字符组成。

空白区：这是指条码左右两端外侧保留的必要空白空间，它的颜色和反射率与"空"一致。

起始符：指的是条码起始位置的若干条与空，表示从起始符之后开始显示条码字符的信息。各种条码的起始符都有相应的要求。

终止符：指的是在条码终止位置的若干条与空，表示条码字符信息至此结束。不同条码的终止符有不同的规定。终止符和起始符有的相同，有的不相同。

条码数据符：条码表示的特定信息就是条码数据符。

条码校验符：校验码的信息用条码校验符表示。

识别字符：在条码字符的下方，和相应的条码字符对应，用于供人识读的字符。

二、二维条码

一维条码在垂直方向不表达任何信息，只是在一个方向（一般是水平方向）表达信息，其一定的高度一般是为了方便阅读器的对准。一维条码的应用可以减少差错率，提高信息录入的速度，但是一维条码也存在一些缺陷：数据的有效容量较小，只有30个字符左右，内容只能包含字母和数字；条码尺寸相对较大（空间利用率较低）；条码一旦遭到损坏便不能阅读。

二维条码指的是在垂直和水平方向的二维空间存储信息的条码。它具备在横向和纵向两个方向上同时表达信息，不仅能在很小的面积内表达大量的信息，而且能够准确表达汉字和存储图像，可靠性高、保密防伪性强。二维条码的码制有许多不同的编码方法，就这些码制的编码工作原理而言，通常可分为以下三种类型：

（1）在一维条码编码原理的基础上，将多个一维码在纵向堆叠而产生的编码为线性堆叠式二维码。

（2）在一个矩形空间通过黑、白像素在矩阵中的不同分布进而得到的编码称为矩阵式二维码。

（3）通过不同长度的条进行编码的条码称为邮政编码，主要用于邮件编码。

三、条码识别设备

条码符号的识读需要借助一定的专用设备，而条码符号是图形化的编码符号，将条码符号中含有的编码信息转换成计算机可识别的数字信息，并通过计算机的键盘接口、串口等输入计算机。

条码识别设备具备条码扫描和译码两部分功能，现在绝大部分条码识读器都将扫描器和译码器功能综合为一体。人们设计各种类型的条码识读器来满足不同的用途和需要。下面介绍一些常用识读设备，以一维条码识读设备为主，包括激光枪、光笔和全向扫描平台。

（一）激光枪

激光枪属于手持式自动扫描的激光扫描器。激光扫描器是一种远距离条码阅读设备，其性能优越，因而得到广泛应用。其优点是，识读距离长，通常能在0.3米以外。有些长距离的扫描器，其扫描距离甚至可以达到3米，且识读的精度和速度比较高，具有穿透保护膜识读的能力，防震防摔性能好。但激光枪对识读的角度要求比较严格，条码的长度受光学系统的限制，并与扫描器到条码符号的距离有关。

（二）光笔

光笔采用手动扫描的方式。扫描器内部没有配备扫描装置，它所发射出的照明光束的位置相对于扫描器基准固定，需要手持扫描器扫过条码符号完成扫描。

与条码接触阅读，能够准确识别被阅读的条码；阅读条码的长度可以根据具体情况而定，不受限制；与其他阅读器相比成本较低；内部没有移动部件，比较坚固；体积小，重量轻，耗电量非常低，是光笔的优点。其缺点是：使用光笔扫码会受到各种限制，如在特定场合不适合接触阅读条码；另外，只有在比较平坦的表面上阅读指定密度的、打印质量较好的条码时，光笔才能发挥它的作用；而且操作人员需要经过一定的培训学习才能使用，如阅读速度、阅读角度以及使用的压力不当都会影响它的阅读性能；光笔的首读成功率低但误码率较高，因为它必须接触阅读，当条码因保存不当而产生损坏，或者上面有一层保护膜时，光笔都不能阅读成功。

（三）全向扫描平台

全向扫描平台属于全向激光扫描器。全向扫描指的是标准尺寸的条码以任何方向通过扫描器的区域，都会被扫描器的某个或某两个扫描线扫过整个条码符号。非接触阅读可以阅读不规则的条码表面或透过玻璃或透明胶纸阅读，其特点是扫描快速而高效，因此不会损坏条码标签；全向扫描平台还具有误码率极低（仅约为三百万分之一）的特点，因为它具有较先进的阅读及解码系统，首读识别成功率高、识别速度相对光笔更快，而且对印刷质量不好或模糊的条码识别效果好；缺点是它的价格相对较高。

四、数据采集器

把条码识读器和具有数据存储、处理、通信传输功能的手持数据终端设备结合在一起，成为条码数据采集器，同时具备实时采集、自动存储、即时显示、即时反馈、自动处理、自动传输的功能，简称数据采集器或数据终端。它实际上是移动式数据处理终端和某一类型的条码扫描器的综合体。在线式数据采集器和批处理式数据采集器的分类处理方式统称为数据采集器，数据采集器根据产品功能分为有线型手持终端、无线型手持终端等。

数据采集器与条码扫描器相比能够自动处理、自动传输。其区别为条码扫描器在扫描了条码之后，只能是将所得到的数据直接传给电脑端；但是数据采集器更加高端，在扫描了条码之后，先把所得结果存储起来，能够根据客观需要来处理结果，也可以通过无线局域网或广域网，根据事物发生过程中的实际时间进行传送和处理所得结果。

（一）便携式数据采集器

设计方便携带的数据采集器的目的就是方便进行现场数据的收集和能扫描一些大型或者危险物体的条码，适宜脱机使用。方便携带的数据采集器可以用激光来扫描，显示出来的是汉字，可以收集数据、处理数据，还可以进行数据的通信等。它兼具了掌上电脑和条码扫描器的功能。

它可以将计算机网络的部分程序和数据下载至手持终端，并可以脱离计算机网络系统独立进行某项工作。采集器收集信息的唯一途径是通过电脑端数据库，但是存储之后的结果一定要按时录入数据库。

（二）通过无线电波来进行数据收集的采集器

通过无线电波进行数据收集的采集器有更多的优点，它不仅方便携带和扫描，而且由于是通过无线电波来实现通信的，所以传送数据十分及时，使得采集效率大大提高。相对来说，它可以实现远程控制与及时传输和处理数据的目标。

五、条码打印设备

目前，对条码进行打印的设备大致分为两类：一类是通用的打印机；另一类是专用的条码打印机。通用的打印机有很多种形式，包括点阵式、喷墨式、激光式等。使用通用的打印机打印条码需要使用专门的软件，这个软件会先生成条码，然后再去打印，这种打印的优点是简单方便且花费较少，能够打印较大的幅面，对用户来说易学、易用，很方便。但因为通用打印机能够打印的东西很多，并没有专一性，因此它在使用时很麻烦，比较耗费时间。所以后来出现了专用的条码打印机，它的优点相对较多，如在质量、速度、时间、方式上有更大的优势。而根据印制条码的方式的不同，又出现了热敏式和热转式两种打印机。热敏式打印机就是用热敏纸来打印，热敏纸在遇到高温强光的条件下容易变色，因而条码较不易保存，使用也不太方便，但它的设备相对比较简单，价格低。而热转式打印方式与其他打印方式相比，具有分辨率高、打印质量好、打印速度快、操作简便、成本低、容易维护、打印介质多样化等优点，因而它是我们所认为的相对理想的打印方式。

六、条码的特点

（1）安全精确。根据有些资料显示，键盘输入的错误率是条码输入错误率的50倍，键盘输入大概每300个字符中就有一个出错。

（2）在输入的速率上更快。条码输入与键盘输入相比，做相同工作速率能提高五倍，大大缩短了时间，提高了速率。

（3）花费较少。和其他类型的技术相比，使用条码技术花费较少。

（4）使用的方式和形式更加多样化。一方面，它可以独自被使用；另一方面，它可以和其他系统一起使用，识别其他软件或者管理整个系统，也可以使用手工的键盘来录入信息或者数据。

（5）活跃度比较大。虽然条码表达信息的时候仅仅是在一维空间，但相同条码上的信息是一模一样并且连贯的，而这样的好处就是即便条码的部分不小心被损坏了，但是人们仍可以得到正确的信息。

（6）操作方便，设施简单。它的设施的构成十分简单，其操作方式很容易被理解并且使用者可以独立使用这个设备，不需要专门的技术人员的指导。

（7）制作简单。条码的制作方法很简单，使用的材料较为稳定，对要使用的设备也无特别的要求，因此，它被称为"可印刷的计算机语言"。

七、条码应用

条码在各行各业已经被广泛使用。条码技术对图书的借阅管理有着不可或缺的意义，例如，在读者的借阅管理中，每个借阅证上都有条码，并且是唯一的，用来识别每个读者。经过计算机处理，可以对读者资格进行审查，检索其借阅信息。每一本书也具有唯一条码标识，工作人员只需要扫描书上的条码即可进行借还，大大提高了效率，减少了输入错误。每个图书馆都有书刊管理方面的需求，而在此方面，条码的应用十分广泛，如分管整理书刊、调配书刊、收藏书刊、去除旧的书刊等。

第二节　射频识别技术

一、射频识别技术基本概念

射频识别技术是一种不需要接触的自动识别技术。它主要是经由一定的发射频率的电波主动地去辨认目标，并且由此来得到它所需要获取的相关数据，在此获取过程中不需要人为操作，而且它可以在任何恶劣环境或者危险环境中工作。它对速度也比较敏感，可以同时辨认出多个速度很快的物体，操作起来十分迅速、简单。另外，还有一种在较近的路程上发射一定频率的物体，可以在比较差的环境中来代替条码。因为它不畏惧水下等环境，所以可以在工厂的生产线上随着物体来测试其相关量。而较远距离发射电波的物体，常常被用在交通等方面，可辨认距离最长可达几十米，在高速路上的测速仪和收费站等设施与机构中均可以被使用。

最基本的射频识别系统由三部分组成。

（1）标签：由耦合元件和芯片组成，它只有一个不可改变的编码，主要是被安置在物品上用来辨认目标。

（2）阅读器：通过阅读识别信息，它可以被设计为不同的形式，可以有手握式和固定式。

（3）天线：与平时所谓的天线略有不同，主要作用是传递一定频率的电磁波。

射频识别标签中往往存储着一定格式的数据。而在使用时，它一般被置于所要识别的物体对象表面。而阅读器主要是借由天线来传递一定频率的信号。而它的能量获取渠道主要是电磁感应，标签进入磁场时产生了电流，而能量也可以被用来传递信息，阅读器此时可以发挥它的"阅读"作用，辨认出信息，从而辨认出目标。而阅读器连接着计算机，信息会直接被自动输入到计算机中。

射频识别标签划分为两种：主动的标签和被动的标签。与被动的标签相比较而言，主动的标签内部需要有一个电源，它可以用来读写数据，但是数据也可以被修改，它射程远、范围大，但是同样地，它的价格也比较昂贵，能够被使用的时间短，质量较大，体积大。

二、射频识别技术的特性

射频识别技术有很强的优势：

（1）可以在黑暗的条件下工作，甚至可以中间隔着物体来读取材料，只要在探测范围内，可以以任何方向、角度获取信息；

（2）寿命长，而且可以在各种恶劣的条件下进行使用；

（3）它的嵌入和附着能力很强，可以很轻松地连在各种不同的物体上；

（4）它的获取信息的能力更强，而且能够间隔很远来读取信息；

（5）效率很高，可以节省时间，能够很方便地录入和存储信息；

（6）它的内容不是一成不变的，人们可以人为地去改变它的内容；

（7）它有很强的功能，效率很高，它能同时进行多个标签的处理。据试验，它一秒可读取多达20册图书的标签；

（8）标签的数据存取有密码保护，安全性更高，误码率低，不易伪造；

（9）它有定位的能力，人们可以对它的目标对象或者物体进行定位。

三、射频识别技术的应用

（一）射频识别技术在图书馆的应用功能研究

1.射频识别应用于图书馆的基本功能

射频识别在图书馆的应用中，基本功能主要体现在图书资料的借阅、上架、理架等几个环节。

（1）自助服务。顾名思义，它是说读者根据自己的意愿来挑选喜欢的图书和各种类型的文献、资料等。而将自助服务体现得较为完整的就是自助借还机了。它将阅读器与相关的软件互相连通，十分快捷和方便。

（2）安全防盗。图书馆人流密集，故而安全防盗极为重要。这里专门有一个安全门禁系统，它的工作原理是扫描和识别文献上的电子标签以防止图书被窃取。它有许多种类型，并且报警的功能十分多样化，可以声光报警，这样就能很好地发现被窃取的图书并在第一时间反馈给馆员，实现安全且防盗的目的。

（3）自动分拣。其意为读者在阅读完图书后直接将图书放置到还书口，而书本便会被传送带传送至不同地点。传送带上有专门的阅读器，通过扫描和识别标签可以将图书传送至指定位置，从而实现分拣的功能。自动分拣是与自助借还书设备搭配使用的自动化设备。

（4）图书查找与定位。这样大大节约了人力，读者可以通过链接、书名或者图片准确地找到所需的图书，既快捷又方便。

（5）图书剔旧。它是需要先在系统中设置一定的剔除旧的图书的频率，再通过借阅图书的频率得到需要剔除的图书，提高了效率，可以及时完成剔旧的工作。

（6）标签转换。标签转换装置＝射频识别阅读器＋标签分发器＋条码扫描器。射频识别标签通过读取条码信息来实现与书籍或其他形式文献的绑定，可以完成相应的工作。

（7）图书上架、架位注册。其意为将图书放在指定的位置上，这样可以使图书的位置被确定，便于读者寻找图书。

（8）图书盘点理架。目前的自动盘点设备主要有便携式和推车式两种。自动盘点是说自动完成它的放置工作，并且扫描其电子书签，可以查找和统计到相关的图书资料。还有射频识别自动分拣机，其可以远距离扫描，并且可以同时扫描识别多个标签，十分高效，图书的条理也更加清晰。

2.射频识别技术的扩展功能

扩展功能在每个图书馆一般都是不同的。不同图书馆按照自己的具体情况，为自己的图书馆定制一套满足图书馆功能的射频识别技术的拓展功能，针对性强、实用性高。虽然这个功能没有被广泛地使用和开发，但是，这个功能的潜力无穷，前景十分好。

（1）目前已经实现的扩展功能

目前，国内外的一些图书馆已经实现并应用了一些射频识别技术的扩展功能，但数量较少。

①智能书架

智能书架是由日本的九州大学开始引用的，而且它已经被人们称为全球最有前景的应用之一。但是很可惜的是如今的射频识别智能书架还是在人为操作的部分，即使它可以减少我们一部分的工作，但是它仍旧还是很耗材、耗力。因为工作人员的数目是有限的，但是需要做的工作有很多，这就导致会出现很多的差错，比如书本被放错位置。智能书架的作用也被应用在了阅读上，它有阅读器的功能，可以通过多次阅读和识别来了解图书馆中的图书情况，然后慢慢地通过天线传输至计算机上，通过这样做可以很好地了解图书的情况。它也能够了解书本的流行率和使用率，从而根据这些信息增加或者减少某些图书。

②对行为的侦查和监测

它是指通过射频识别技术来进行对图书是否被借阅和归还、被借阅率、对它的准确定位以及读者的一些行为和感受的侦查和检测。这一工作必须在超高频率的环境下进行。它的使用方法是在图书馆的书架上放置很多可以阅读器，规定在一个特定时间段内对书架上的书进行阅读，假如没有阅读到这本书，则表明这本书被借阅了，然后便可以把这个消息录入计算机。而所谓的准确定位，指的是对图书馆内的书进行定位，通过阅读书目的信息检测图书的正确位置，借此判断图书是否被放错了位置；同样也可以通过此种方法查看是否有图书丢失；也可以为每个读者配备有导览的装置，这种技术大大提高了效率和人们的满意度。

（2）射频识别技术需要被发掘的作用

除却已经被发现的一些功能外，射频识别技术还有很多需要被发掘的作用。比如人工智能缴纳罚款，通过机器人实现智能服务。

①自助缴纳罚款

自助缴纳罚款，即在自助设施上将校园卡关联到相关的管理软件上，如果借阅者的借阅逾期了，借阅者只需要在借还设施上应用相关软件就可以自动扣除相应的费用，不会再因延误使费用增加，也让借阅者可及时进行下一次借阅。

②个性化学科服务

学科服务指的是专门针对射频识别技术而实行的，对它搜集到的信息实行更深层次的挖掘和整理，并且可以统计图书的借阅情况，以便进行数据收集，这样可以对某些受欢迎的学科进行引导和推荐，为未来的图书馆建设做准备。

③机器人智能服务

机器人智能服务是指在借阅室配有与此功能有关的机器人，人们在进入借阅室后，可以通过它寻找所需要的图书的信息，进而确定所需要借阅的书籍，完成一系列的借阅步骤。

射频识别技术一步步地发展进步并且达到了成熟，人们越来越发现它的功能强大，而且随着时期的不同，需求也不同，所以必须根据不同时期的不同需求对其进行发展和改进。

（二）射频识别技术应用于图书馆的优点与缺点

射频识别技术在图书馆的应用展现出相比于传统条码扫描的独特优势，但在实际操作中也不可避免地存在一些不足。

1.射频识别技术在图书馆应用中的优点

射频识别技术需要各方面的标准，在实践应用中使用最多的三个标准为读写距离、智能传播运速、多标签同时识别。结合这三个标准还可以延伸出三种需要的技术：识别能力、周围环境及识别速率。多个文献对此进行调查研究并对个别案例进行分析后，可以发现在图书馆中应用此技术有以下优点：

（1）加工流程更简化

射频识别阅读器可以识别从几厘米到几千米的长度，并且因为其本身可以寻求地址，所以可以大大减少很多不必要的过程，如书码、标志等，减少了工作量，让馆员有更多时间去践行一些创新性活动。

（2）环境适应力更强

此技术将书鉴的天线和芯片隐藏在塑料的介质中，即使在很差的环境中也可以防止被损坏或者对图书造成干扰。

（3）借还书的过程更加简单

在应用时，效率这一问题尤为重要。个人借还一本书的过程基本需要50秒，然而使用此技术完成这个流程只需要15秒。射频识别技术的服务方式较为自主，它的穿透性很强，可以一次借还多本图书或资料。而且整个过程操作十分简单，并不需要人们人为地去参与，只需把需要借还的图书放在那个特定的设备上，几秒钟就可以完成借还操作，这样就大大地提高了效率，减少了所用的时间，也可以防止排长队现象的出现，减轻了馆员的工作量。

（4）安全防盗功能很强

安全门禁系统对射频识别标签和图书上粘贴的磁条进行扫描和安全识别并判断报警系统提示与否。安全门禁系统支持商品电子防窃系统和应用族识别符防盗，它可以一次性完成20多本书识别工作，而且识别的精准率很高。门禁可以在没电或者系统不能工作的时候进行工作，也可以自动记录报警图书的相关内容。

（5）文献典藏速度更快

文献典藏是图书馆的基础工作，馆员在这方面的工作量很大。而传统的文献典藏则主要依靠人力，用条形码使新书入馆，清除无用或者旧的文献等，所以很容易出现错误，导致问题层出不穷。将射频识别技术应用在图书馆系统中，可以使馆员使用此技术迅速地扫描并识别出有标签的书，而且将此装置连接电脑后，相关信息便会输入电脑，与原始数据进行对比、分析，便能很快地将数据进行整理，得到新的数据。

2.射频识别技术在图书馆应用中的不足

从国外的一些例子中，可以看出射频识别技术发展迅速，但是，与此同时，很多缺点也暴露了出来：

（1）标准化问题

随着图书馆射频识别标准的建立、射频识别系统的改进和新功能的出现，很多早期应用该功能的图书馆发现，由于原来没有图书馆射频识别的标准，所以现在必须提高或者去改进所得到的射频识别系统以发挥它的作用。

（2）射频识别硬件设备的设计问题

人们在将射频识别自助借还设备投入使用之后，也出现了一些不可控的事情，如人们有意或者无意地损坏了图书，而且某些大型书很难或者根本无法自助归还，这些问题都需要单独解决。

（3）软件系统的安全问题

安全问题涉及很多方面，如标签自身已有损坏、电路不安全、阅读器不安全等。有时也会出现伪造标签的现象，阅读器无法识别，从而导致无法得到真实数据。如果这些问题得不到解决，射频识别技术将面临不少危机，甚至走向困境。

（4）个人隐私问题

对这些读者来说，他们比较担心隐私被泄露，主要表现在以下两个方面：一方面，图书的标签以及读者证会不同程度地泄露隐私，因为标签在制作时使用的是无源的电子标签，因此，只需用同一频率的阅读器试读标签即可获得该读者的个人隐私。这于借阅者而言是十分危险的；另一方面，由于读者证中存有大量的个人信息，在阅读器感应范围内会被完全曝光，又在更大程度上增大了读者个人隐私暴露的风险。

（5）成本问题

和那些传统的条码相比，射频识别技术的使用成本十分高，尤其是在前期，所以对于那些基本上是靠学校自身的资金投入来建设的图书馆而言，这些资金问题又成了一个很严重且基本的问题。射频识别技术需要配备的设备有很多，且大多为电子设备，每一项都是一笔大的且为不可或缺的投入。

（6）图书安全问题

在传统的图书借阅中，借还书一般都是通过图书馆馆员来办理，在这样的操作下，图书馆馆员可以及时发现图书是否有毁坏或者是否有涂鸦，并及时进行处理。但是在使用了自助借还机后，对人们的素质就提出了更高的要求。这些机器只是管理图书的数量而不能顾及图书的质量问题，如果图书有了问题，那么很可能在以后的很长时间之内都不会被发现，更不用说进行相关处理了。而且这项技术主要是通过扫描和识别图书上的书签来实现，但是如果书签有损坏或者脱落等，便会出现更多、更大的问题，这也是现实中存在的图书安全隐患。

（7）射频识别技术的特性缺陷

射频识别书签对技术的要求很高，所以图书馆在购进此项技术设备时需要特别注意，但是尽管十分小心还是会有受骗的现象发生。

（8）门禁灵敏度问题

射频识别安全口的灵敏度会受到许多因素的影响，而且极易受到外界的影响，与传统的条码相比，其灵敏度更差。

（9）定位不够精确

这也是目前技术水平层面的问题。在定位时，最精确的定位也只能精确到某一层，而无法定位到此层的具体位置。所以在寻找图书和放置图书时也仍然存在很大的工作量。并且十分容易出现误读和漏读的现象，所以即使利用很多的时间来扫描图书，有时也根本扫描不出信息，无法寻找到它的具体位置。同时，该系统在对馆中不在架的已办理或尚未办理借阅手续的图书均无法定位和查找。

第三节 一卡通

一、一卡通定义

一卡通的定义，简单地说，就是一卡通行或一卡多用之意。即均以集成电路卡技术为核心，在卡上存储相应的信息并进行身份识别；以电脑技术和通信技术为辅助手段，将某一范围内的各种基础设施链接成一个有机的整体，用户通过一张集成电路卡便可以完成开门、就餐、购物、会议、图书管理等各项活动。一卡通的开通，促进了数据共享，减少了现金流，堵塞了可能存在的财务漏洞，提高了工作效率，减轻了劳动强度，方便了用户。

二、一卡通系统以及应用

一卡通系统由管理发卡的系统、读取卡和处理信息的设备以及其下的各个子系统和相关软件组成。而管理发卡的系统包括发卡管理的站点、机器和软件系统。它的作用主要是管理发卡、管理人员、管理卡片，以及管理相关资料；而各个相关的子系统分为门禁、考勤和消费三部分，分别是关于进出记录和控制、对于公司内部人员的考勤、管理公司内部的资金流动情况。

图书馆的一卡通应用主要有以下几方面：

（一）门禁系统

利用集成电路卡进行身份验证，只有拥有集成电路卡的人员或其他符合条件的人员方能进入相关场所，能够对进出场所的人进行监控，对其出入情况进行数据采集、数据统计。门禁系统身份验证信息来源于一卡通发卡中心的用户数据库。

（二）图书借还管理系统

图书借还管理功能要求与各图书馆使用的图书自动化管理系统进行连接，增加专门的卡号读取设备与程序接口。在原有系统的基础上，通过集成电路卡进行身份验证，加强对图书流动的管理，减少人为因素的过失，并及时发现各种违规行为。

（三）查询数字资源的系统

本功能要与图书馆数字资源的储存、整合及发布系统相连接，向不同层次的读者开放不同的数字资源。要实现这一管理模式，收费的资源应该根据资源的种类、查询的时间、下载的数量等不同标准进行收费。

（四）多媒体电子阅览室管理系统

想要实现对上机或上网的全程自动监控和实时收费，应该学会利用集成电路卡的身份验证功能和电子货币职能来协助完成，它们具有自动登记、开关机、识别一般上机与互联网，并分别实行不同的收费管理等功能特点，从而方便和简化了管理。多媒体电子阅览室管理系统能够让两个系统安全并且高效连接，达到各种信息及数据进行交换的目的。

（五）收费管理的多种模块

利用集成电路卡代币职能的相关功能，可以达到各种收费的电子化、单一化和无票化的目的，如可以用集成电路卡进行资费流通、上机计时收费、打印、复印、装订、高层次信息服务、购物、看电影录像等项目。此系统能轻易区分图书馆内外人员以及不同类别读者的适用范围，达到收费的精确无误、方便快捷、清洁卫生等多种目的。此系统必须考虑现有收费系统，如自动化系统罚款超期子系统等的数据交互、同步问题。

（六）集成电路卡考勤系统

集成电路考勤系统是指利用集成电路卡进行自动身份验证，通过对时间记录以及考勤结果进行综合性分析统计的方式，加强对图书馆内部工作人员的管理，并汇总出报表结果。

（七）网络存包系统

网络存包系统在原有传统的存包柜基础上，增加了计算机芯片和网络接口以及读卡系统，用电子锁替代了传统的锁具。通过借书证或校园卡中的电子信息，对读者身份进行认证，实现开柜存包、取包功能。通过读者的存取数据，可以对各存包柜的使用情况做出各种统计。

第四节　其他信息技术

一、图书防盗系统

图书防盗系统主要用于防范书刊的失窃。它由检测通道、检测仪主机、磁条、充消磁器、磁条检查仪等组成。其工作原理是在书中夹入磁条，而在门口放置由两个到多个检测门组成的单通道、双通道甚至多通道，在监测门内安装发射及接收线圈。借阅者由该通道进出阅览室，当内装磁条的书本进入通道时，发射与接收线圈之间正常存在的常态电磁波形就会发生异常变化，这种变化被主机检测到就会发出报警。

为了防止图书借阅期间磁条被人为破坏，在读者还书时，应将书放在磁条检查仪上，由左至右（或由右至左）划过，观察仪器是否报警，若不报警，说明书中磁条已被破坏。读者通过办理手续借书以后，管理老师用充消磁器"去除"所借书中复合磁条的磁性，书或物品经过通道时就不会报警。读者还书以后，管理老师再用充消磁器来"复原"所还书中复合磁条的磁性，即可将书归架。

磁条可以分为钴基磁条和铁基磁条，是根据材料区分的，也就是说，前者的成分主要是钴，后者的成分主要是铁。还有另一种分类的方法，即根据能否充消磁来划分，可分为复合型和永久型磁条。一般来说，根据是否外借采用不同的磁条，比如开架书库和阅览室，分别采用复合型和永久型磁条。

二、门禁系统

目前在许多场所均有自动门禁系统，它可以让有权限的人通过，并且拦截没有权限的人员，是一种新型的出入管理体系。

当前在图书馆所使用的门禁系统由自动闸机、管理计算机、通信管理器等部分组成。进入图书馆时需要通过自动闸机，闸机可以通过全自动化进行自动读卡、验卡还有放行，它可以配备不同的读卡器以识别条码卡、集成电路卡、射频卡等各类卡。而闸机读卡数据的接收、检验是否有效以及读者进馆记录的产生、存储和统计查询则由门禁管理计算机负责。管理计算机能对闸机的各种数据进行设置，比如时间等数据，而闸机与管理计算机的通信则由通信管理器负责。

通过此自动体系，图书馆可以随时了解人员流量，而且能同时统计出读者详尽的数据，以达到为图书馆合理安排资源分布并实现科学管理的目的。在安全隐患方面，通过使用本系统，限制了没有有效证件的人的出入，在一定程度上排除了一些安全隐患。

三、电子书阅读器

电子书阅读器是一种离线的阅读电子书的手持的专用设备浏览器。简单来说，即具有微型化和专门化阅读功能的设备浏览器。

电子书阅读器具有携带方便、容量大、内容获取迅速、更新方便、能够检索、带有批注功能等特点，随着技术的不断进步，在克服了兼容性、人们的阅读习惯等问题后，电子书阅读器将会得到更为广泛的应用。

四、短信息平台系统

所谓短信息服务，是一种在移动网络上传送简短信息的无线应用，短信用户可以通过手机或其他方式直接收发信息，这些信息可以是文字的，也可以是数字的，不过用户每次能收发的短信息的字符数是有限制的，最多160个英文（或数字）字符或者70个中文字符。短信息可以由不同地方始发，如移动通信终端（手机），或者移动网络运营商的短信平台，或者由为移动运营商短信平台提供网络业务的提供商始发。

（一）短信息的特点

（1）覆盖面广。

（2）重复性好。也就是说，需要给很多人发送相同内容时，可以只输入一次内容，便可以通过系统自动给这些人全部发送。

（3）准确可靠。短信息作为一种文字通信方式，使信息的交流更清晰明确。内容信息被自动存入对方随身携带的手机，无须担心信息的储存。当用户因特殊情况暂时没有办法接收时，短信息不会因此而消失，它会被暂时保留在短信息中心，当用户可以接收的时候，短信息会很快发送到用户的手机上。

（4）迅速及时。手机一般都是随身携带的，信息传递由覆盖全球的电信网络提供保障，短信收发整个过程一般只有10秒钟时间。

（二）图书馆使用短信息的方式

网关方式：通过结构化编程，使用特殊的注册号码发送，并需要自行或和第三方合作开发有关的数据接口。这种方式只需要相关的软件，适宜于数据量大的图书馆。

终端方式：自行或和第三方合作开发有关的数据接口，通过数据线、红外线、蓝牙三种方式连接电脑发送短信息，适宜于数据量较小的图书馆。

（三）图书馆提供的短信息服务

（1）实现信息群发。图书馆可以通过手机短信及时向读者发送一些关于书籍、讲座、展览等各种活动的信息。

（2）个性化的信息推送。对于一些图书馆业务功能，可以以短信息方式进行个性化服务，如图书续借、预约、超期通知等，使得读者的借阅更加方便、简捷。

（3）提供检索业务。读者可以通过短信息检索图书馆的书目信息、个人借阅信息等。

以上业务需要由自动化管理系统与短信平台之间的接口实现。

五、缩微技术

所谓缩微技术，就是将资料或图书利用照相原理经过一种专门的设备缩小到胶片上，当想使用时再用专门的设备阅读或复印。在图书、情报管理中运用这种技术有很多的优势：第一，缩微品占用的地方比较小。对于同一种资料，相对于印刷品来说，以缩微品的形式收藏能够节约上架空间的98%。第二，缩微品保存寿命长，也容易保存（如防虫、防火等）。第三，缩微品性价比较高，同一份文献，缩微品要比印刷品节约2/3到1/2的花费。

还有数字化存储技术，与之相比，缩微技术有自己的独特优势。首先，它是一种成熟稳定的技术，标准化程度高，不必考虑兼容性问题。使用数字存储方法作为保存手段，有可能出现今天存储到某种计算机存储介质中的数字内容，几年之后就没有设备能将其无失真地读出来的现象，就算可能读取，也需要花费很高的费用更新过时的文件格式和介质。其次，通过缩微品保存的文献安全可靠，且在阅读缩微胶片上记录的内容时，不用专门的设备，如果条件比较艰苦，通过一个较高倍率的放大镜就可以实现阅读。当胶片在一定程度上有损坏也只是丢失一部分文献，剩下的文献仍然可以正常阅读，不会出现因部分丢失导致整体报废的情况。最后，原件的本来面目可以通过缩微胶片真实可靠地表现出来，具有法律证明的作用。所以，缩微技术在数字化存储技术飞速发展的今天，仍旧在图书馆信息技术方面占有一席之地，不存在谁代替谁的问题。

第五章　高校图书馆自动化集成系统

第一节　图书馆自动化的意义

总的来说，图书馆自动化应该涵盖所有业务工作的自动化，但人们提到图书馆自动化时，一般仅指图书情报业务工作中的数据处理自动化。国外计算机应用专家指出："图书馆自动化，是利用自动或半自动的数据处理机器来完成诸如图书采购、编目和流通等传统图书处理工作。""自动化"的含义是处理过程的自动程序控制。

图书馆是人类文化的产物，是人类文化的结晶，是国家进步的象征，让现代科学技术领域的成就之一——电子计算机与图书情报工作相结合，便能够使传统的图书情报工作发展到一个新阶段，即自动化阶段。

在图书情报工作中应用计算机，不仅让这一领域的理论研究和科学实践的范围得以拓宽，而且能够使图书情报工作的内容更加丰富。

自20世纪50年代图书馆开始研究计算机应用至今，图书情报业务处理设备向全盘自动化装置过渡，现在已经变成了高速、准确的自动化处理过程，正因为其经历了单机批式、联机、网络化处理三个阶段，所以摆脱了最简单的机械装置以及过去需要耗费大量人力和时间的手工操作过程。

图书情报工作的现代化在实现科学技术现代化中是极其重要的。自20世纪70年代以来，世界图书情报工作发展成了图书情报工作计算机化，这是一个新的阶段。仅仅用了10年的时间，图书情报工作便已经由20世纪70年代后期的"联机革命"发展到了20世纪80年代中期的"脱机革命"，也由"电子时代"转变为光盘技术，于是计算机便更广泛有效地应用到很多地方。图书馆自动化是图书情报工作现代化的重要标志，对于提高我国科学技术水平具有重大战略意义。

实现图书情报的自动化还可以大大提高图书馆对读者的服务质量。图书馆计算机化，用户也是获益者，它能够让读者在最短的时间内查找到所需要的资料。

图书馆的期刊、论文和报告数量愈来愈大，为帮助读者在信息海中找出自己需要的文献资料，就要对信息海进行加工和处理，需要计算机的帮助，其工作内容包括进行图书编目、读者查目以及流通、期刊管理、建立二次文数据库和进行情报检索等。计算机在图书情报管理的应用有一个很大特点，那就是可以一对多，即一种输入对应多种输出，一次输入对应多次利用，一处加工对应多处使用，加上计算机高速的运算能力，可大大提高图书情报的检索效率，能灵活地满足人们对图书情报工作的多种类型、多种形式（卡片、磁带、打印、胶片、纸带）和多种用途的需要。从服务内容到服务方式，能完成许多人工无法做到的事情，以达到现代化的服务水平。

此外，图书馆自动化能代替工作人员进行图书情报资料的某些加工处理等工作，使工作人员从烦琐的手工劳动、重复劳动中抽出手来，提升图书馆本身的管理水平，如图书采购的查重、打印订单、图书和期刊的编目、编制新书通报、流通工作中的借还登记（包括催书、预约、罚金计算等）、图书期刊资料经费计算和期刊的划拨、催刊、自动报出装订信息等。还可做大量各类统计，有些是人工无法办到的，如根据每类书刊出借率的统计，可以确定各类图书的利用率，确定哪些书是呆滞书，及时反馈给采访部做参考，从而提高馆藏质量。

第二节　自动化集成系统架构

图书馆的自动化系统包括硬件设备、软件系统、数据库和人员四部分。计算机、服务器、外部设备、通信设备等都属于硬件设备。软件系统则包括系统和应用软件。存储和组织业务数据则由数据库来完成，如采访、编目、流通、连续出版物、报表、统计、读者等数据都属于此类。人员包括系统管理、软件维护、硬件维修和系统操作等四类工作人员。

一、系统架构

客户端/服务器体系架构是图书馆自动化系统最典型的架构，在该架构网络技术的帮助下，把全部的自动化系统分为两个部分，分别为客户端和服务端，而中心则为局域网，数据的管理主要由服务端负责，而各种应用和任务则由客户端完成。有一些功能在初期很长的一段时间都是基于客户端实现的，如图书的采访、编目、典藏、流通、统计、管理等，而数据库的管理功能则是由服务器承担。客户端/服务器体系架构比较烦琐，每台客户端都需要安装应用程序，而且需要在客户端或者服务器端进行配置。浏览器/服务器架构本质上也是一种客户端/服务器体系架构，随着互联网技术的发展而产生，特殊的是它的客户端统一变成了浏览器。浏览器/服务器架构系统的核心应用转移到了服务器端，利用浏览器，在浏览器支持的编程和脚本语言的帮助下，原来需要安装客户端软件才能实现的功能，现在无须安装就能轻松实现。浏览器/服务器架构的客户端不用安装专门的软件就可以工作，适合应用于广域网和互联网。

现在，客户端/服务器体系架构仍是在绝大多数自动化系统中被采用，很少的自动化系统应用单纯的浏览器/服务器架构，但自动化系统更多朝着其他模式演变和发展，如下：

（一）客户端/服务器体系架构和浏览器/服务器架构模式

如联机公共检索目录系统查询的馆外用户的应用采用浏览器/服务器架构，而图书馆业务要在局域网内部进行操作，因此采用客户端/服务器体系架构。但是随着现在图书馆网络联盟的应用越来越多，馆员的服务应用也将逐渐变成浏览器/服务器架构。

（二）多层架构的发展

多层架构将逐渐替代传统的两层架构，因为多层架构不论是在系统的安全性、灵活性还是效率等方面都有很大优势。多层架构体系则是在客户端和服务端之间增加了一项中间件，服务器负责存放重要数据库，中间件负责应用程序，当然，用户界面有关的操作就由客户端来处理。实际上，中间件不过是一个粗略的概念，有的包括服务端的应用功能以及客户端的业务模块，而有的只包含后者。当两者同时存在时，三层架构就诞生了，当然，更多层的架构还是有的。

二、服务器配置

（一）服务器性能配置

为了适应客户的需要，很多图书馆自动化系统的服务器端一般能够支持好几种操作系统。因此，必须考虑图书馆自动化系统的支持能力以及该服务器上所需提供的服务选择操作系统。

（二）数据库选择

后台数据库是整个图书馆自动化系统的基础，一般大中型图书馆应用的数据库管理系统是一个分布式的数据库管理系统，其具备开放性等特点，支持标准化结构查询语言。在商业圈应用的数据库管理系统具有功能丰富、稳定可靠、兼容性强、数据库接口开放以及便于维护等诸多特点，该系统的缺点是价位高。自行研制的数据库系统在升级过程中容易出现问题，虽然成本少，但是功能不太好，而且对二次开发没有优势。所以，在引进数据库管理系统时一定要在考虑价格和功能的同时着重考虑它的兼容性。

（三）安全措施

图书馆自动化集成系统能够正常运行的前提是保障系统的安全。图书馆自动化集成系统应用过程中，会生成如图书期刊数据、读者数据、系统配置参数数据等很多重要的数据。如何保证这些数据的安全，成为图书馆界、技术人员以及系统专业人士必须深入研究的课题。

为了保证数据的安全，自动化集成系统一般都会设计多级别的安全加密，如用户登录层密码、用户操作层权限设置、底层数据访问控制，以及系统日志备份及数据库加锁控制等。目前业界广泛采用双机备份和数据容灾等安全防范技术。

大体来说，通过两台服务器对重要的服务以及应用进行相互备份的过程称为双机备份（或称为双机容错），以达到共同完成服务和应用的目的。如果其中一台服务器出现问题而不能工作时，只要通过软件激活备份服务器，让备份服务器代替它进行所有任务。

容灾的概念较为广泛。通俗来说，容灾包括与图书馆系统业务有关的全部数据、信息等。容灾是一个较为复杂的计算工程，为了使图书馆自动化系统能够正常工作，以防系统业务被破坏，所以建立容灾，防止重要数据的丢失。容灾是一种"提前防范"的举措，而不是事故发生后的"补救"。在实际应用中，容灾会在用户使用的站点之外建立一个备份站点。如果灾难发生，正在使用的站点已经崩溃，那么备份站点会立即接管原站点的所有功能，系统恢复正常，用户感觉不到灾难的发生。一般通过建立多个容灾系统提高可靠性和安全性。

用户为了加强数据的安全性，为应用系统中的重要数据进行复制的过程称为备份。实际上，在负责的对象方面，备份与容灾是有差异的，系统数据的安全由备份负责，系统业务的安全由容灾负责，因此，"业务的保护伞"是指容灾，而"数据的保护伞"是指备份。利用各种大容量的存储载体（如硬盘、可擦写光盘、磁带等）通过备份软件对重要的数据进行复制的过程称为备份。利用较高的可用性以及可靠性技术使很多用户站点连接起来，以达到保护用户系统安全的目的的过程称为容灾。

备份和容灾都是保护系统和数据安全的重要方法，它们有很密切的联系。首先，备份与容灾都可以保护数据，而备份在大多数情况下保护数据都是通过磁盘介质进行的，成本以及性能都比较低；容灾保护数据则是采用磁盘方式进行的，当然，性能以及成本也比较高。其次，备份在存储领域占有很重要的地位，备份是作为一个完整的容灾系统必不可少的，保护容灾系统数据的重要手段之一就是备份。在容灾系统中，用户数据随时可能遭受攻击，由于备份对系统数据做了复制保护，因此，用户数据即便被破坏也可通过备份恢复。

自动化集成系统的安全运行是任何图书馆正常开放、保障服务的前提条件。但是，要使系统和它的数据安全，图书馆便需要买一些比较有优势的硬件设备和软件系统，这对于大多数图书馆来说是很难实现的。所以，在考虑备份和容灾方案时，图书馆要因地制宜、量力而行。条件好、资金足的图书馆可适当引进容灾和备份系统，保障系统和数据的安全。

三、客户端配置

图书馆自动化系统分为两种客户端机器，即图书馆内部以及外部的客户端机器，因为这两种机器所具备的功能不同，所以其所对应的配置也稍有不同。

在图书馆里面的客户端机器，一般都需要依照自身自动化系统的配置安装其特定的客户端软件，以达到在工作时与服务器连接的目的。大多数时候，只要能够顺利运行客户端软件，客户端机器的配置便能达到要求。客户端软件自己不用进行大量的数据操作，而是通过服务器端对数据进行操作，即交互操作，所以一般使用普通的计算机就可达到正常操作的目的。

而外部的客户端机器，一般是为了实现联机公共目录检索系统的相应功能。所以作为这些客户端机器的计算机只需要安装有浏览器，就可通过登录图书馆网站，使用自动化系统提供的联机公共目录检索系统功能进行相关操作。

第三节　主要的自动化集成系统模板

当前，我国的自动化管理系统基本依照图书馆的工作流程，虽然每个系统都有自己的独特之处，但它们在功能模块方面都相差无几，这在很多图书馆的运用中已经很普遍了，在功能方面包含了图书馆的全部业务环节，配置了采访、编目以及流通、连续出版物、系统管理还有联机公共目录检索系统等模块。

一、采访子模块

采访工作是图书馆业务开展的源头，所以做好采访工作有着重大意义，它与图书馆资源建设成败息息相关。采访模块具有复杂的业务流程，它涵盖了模块内外连接以及数据的输入、输出；包含书目数据、订购数据、财务数据等许多数据类型；还有订购统计、验收统计、财务统计等许多统计内容。采访模块除了功能需求较为复杂外，国外系统与国内用户习惯吻合度也相对较差。

依照图书采访的大致工作顺序，采访模块应具备订购、查重、验收管理、经费管理、财产查询、采访统计、数据交送、系统维护等多方面的功能。它的作用如下：能够对资源进行查重、订购处理、发行者管理、订购催询以及资源到馆后的接收；能够管理单据以及经费的使用状况；而在对图书分类进行统计时，可以按照预订或验收方式进行；已验收通过的数据能够通过交送功能来到后续环节的模块中。

采访子模块的大致组成如下。

1.订购管理

在订购管理模块中，可以使资源订购的过程更加简单和高效。因为该模块支持批量处理的订购方式，所以可以直接输入所需订购的资源名称，使整个过程更容易、更高效。

2.查重功能

查重功能可对采访目录、编目目录、馆藏目录依次进行检索，确定所采访的资源是否已经存在于图书馆之中。

3.验收管理

新采购的信息资源到达图书馆以后，必须进行相应的验收管理工作，修改包括价格、数量等在内的已有的订购信息。由于部分资源在到馆后价格或者数量会与订购时有所不同，所以要根据实际变化进行验收修改工作。

4.经费管理

该模块可管理多种来源的经费，能实现人民币与其他各种外币的自动换算，能对发票、付款、退款等情况进行登记处理，同时能查询和统计各种经费的使用情况。

5.机构管理

机构管理记录中应存储着如机构名称、联系方式、语种、折扣率、送货方式、付款币种等在内的各机构提供商的相关信息。因此，图书馆工作人员便可以方便地对这类机构的记录进行处理，如创建、查询和编辑等。

6.统计分析

该模块应提供关于资源的各种统计功能，如订购、验收、经费、移交、工作量等，并能对统计数据进行相关处理，如数据分析以及报表生成。

二、编目子部分

图书馆工作的基础是编目工作，它基本保证了图书馆资源流通管理以及用户快速、便捷且精准地查询信息资源，促使图书馆以编目为基础展开各项工作。因此，编目管理部分是图书馆自动化系统中不可割舍的一部分，它也联结了采访、检索以及流通等模块。

从接收到来自采访部门的信息资源的那一刻起，就意味着编目工作正式开始了。编目工作中制作目录款目、资源加工排架、组织目录体系等三部分是旧有的传统手工方式。受过专门训练的编目人员可以担任录入这一比较复杂的工作，避免了复杂项目重复录入这一对图书馆资源的极大浪费行为。因此，最理想、最合理的编目方式就是将各个独立的图书馆统一联合编目，并通过网络环境获取编目信息。随着信息资源数量的不断增加，它的类型不断趋向多样化，编目工作的形式逐渐走向标准化、自动化和网络化的进程，编目工作的发展趋势也趋向于联机合作编目和编目社会化。为了达到降低成本、提高效率、节省人力的目的，越来越多的图书馆把编目业务这一工作委托给外单位来完成。

根据编目业务的工作流程，编目子模块包含以下功能：

1.编目

编辑原书目记录、从联合编目机构套录书目数据、使用数据交换模式批量导入书目数据（如导入外包数据）是创建书目记录方式的主要形式。支持书目数据的原始编目、套录、批量导入和不同格式的书目记录之间的格式转换是编目管理模块的主要功能。

2.查重

查重是指以多个索引字段为搜索关键词进行查询。查重的过程是在有重书时能够自动显示出重书，是为了防止"一书两人"。而查重的结果使图书馆工作人员可以按照重书的排架号和主题词等进行修改。

3.校验

校验功能模块可以在编目过程中出现错误时对其进行修改或删除，具体操作是根据系统给出的多个检索字段可以调出相应的书目信息，可以直接进行修改或删除。

4.打印

对书标的增加、删除、修改等编辑功能是通过书标的打印输出功能实现的。

5.统计

这一板块主要是提供对编目图书的按类统计和对其他信息资源的统计。除上述功能之外，还应该提供编目工作量的统计等功能，如统计出每天、每月、每年的图书编目的种数、册数以及金额等。

6.库管理

库管理有利于保护馆藏数据库安全，在此基础上还能实现对馆藏书目数据的修改或者删除。

三、流通管理子模块

与用户直接相关的部分是流通管理模块，对外影响较大且与用户直接相关的部分是流通管理模块。为了提高工作效率，给用户提供简便、快捷的服务，图书馆更应该充分利用图书馆自动化系统中的流通管理模块。

流通管理模块的基本组成设计应该包括读者管理、流通管理、费用管理以及扩展功能管理（如催还管理、预约管理、通知管理等）四个部分。

1.读者管理

读者管理包括读者记录的创建、修改、查询和删除等在内的一系列操作，还能进行单独创建、批量导入等操作。为了区分读者的身份，应该对各种类型的读者设置不同的标识。为了方便日后进行统计和分析，读者数据不要轻易地删除。

2.流通管理

外借、续借、归还的管理操作应该根据外借资源、续借资源、归还资源的一般流程进行操作。

3.费用管理

费用管理主要用来处理与用户相关的费用（如逾期罚款、遗失馆藏赔付、手工调整罚款金额等）。

4.扩展功能管理

扩展功能管理包含预约管理、催还管理、通知管理等。

四、连续出版物管理子模块

名称固定、年卷期编号连续、出版时间连续是连续出版物的三个主要特征。连续出版物时效性强，内容新颖，出版周期相对固定，数量大，种类多，所以它是资料保存的一种重要载体。

订购管理、期刊记录管理、登到管理、催缺管理、流通管理和期刊装订管理等6个分支功能是连续出版物管理模块的基本功能。

1.订购管理

包括选刊、查重、续订等功能。

2.期刊记录管理

对于新进的连续出版物进行新记录的创建和编目，对信息发生变化的已有类型的连续出版物进行记录或编目信息的更改。

3.登到管理

系统可以对单本或复本连续出版物进行登到管理。

4.催缺管理

系统可以根据连续出版物的出版周期，对数量不齐和迟到的期刊自动生成催刊记录。

5.流通管理

对现刊和过刊都能提供多种字段的检索点给用户，能够对流通中的连续出版物进行流通管理。

6.期刊装订管理

对到期的所订报刊必须在一定的时间期限内及时装订成合订本，方便分批有序地管理合订本。

五、系统管理子模块

图书馆自动化系统中的系统管理模块可对包括采访、编目、流通等各类型的数据信息以及图书馆自动化系统的账号、密码、权限的管理等在内的系统的各类信息进行管理。

1.采访、编目、流通等各类型信息的管理

对各流程中的数据信息可跳转到采访、编目、流通等管理模块中进行维护和管理，其中还包含了对各类信息的统计。

2.登录账号、密码、权限的管理

为了保护工作人员登录系统的账号、密码安全，以及系统操作权限进行的相关设置等。

六、联机公共目录查询子模块

系统的功能开始随着图书馆自动化集成系统的不断发展而发展，为用户提供更多的功能和服务，已经逐渐取代图书馆内部业务管理。联机公共目录查询具备向用户提供方便地检索图书馆信息资源的特点，这一特点方便了用户通过计算机终端来检索各种存放在图书馆内的资源信息。联机公共目录查询模块为用户提供了包括题名、著者、分类号、主题词、关键词等在内的多种检索途径。资源检索、信息发布、个性化服务和用户参与等功能是联机公共目录查询模块的基本设计组成。

（一）资源检索

提供多种查询馆藏信息资源的方法，如简单检索、多字段检索、逻辑组合检索、全文检索、热门借阅、热门收藏、热门评价、热门图书等多种检索方式。检索结果可按照《中国图书馆分类法》分类号、文献类型、馆藏地点和主题聚类等不同方式排序显示。

（二）信息发布

该功能包括提供新书通报、图书馆新闻或通知等信息的发布。例如，为了方便用户第一时间了解新书入藏的信息，用户可以在新书通报中查询图书馆所有馆藏的或是某个馆藏的最近一天到最近一个月内的全部新书或某类新书入藏的情况。

（三）个性化服务

通过此模块，用户可以查询相关信息和为用户提供个性化服务。个性化服务包括读者证信息、书刊借阅、违章缴款、预约信息、用户挂失、图书荐购、书评等。有的系统开通了预约到书、委托到书、已超期图书、即将到期图书、系统推荐等提醒服务。

（四）用户参与

该模块向用户提供资源荐购、资源评分、资源评论、意见或建议等新的服务。为了加强用户和图书馆之间的互动性，可以让用户自己参与到图书馆资源的建设和服务中来，增强其体验感。

第四节 自动化集成系统发展趋势

一、系统架构的转变

时代在不断地变化，图书的自动化系统已经从最开始的单机、单功能系统转变成混合、多层架构下的多功能网络系统。随着在具体的系统实践中新概念的不断引入，技术同步更新也同样发生在图书自动化系统这一领域，同时在云计算环境下的图书馆自动化系统的发展也处在不懈地探索过程中。

现在可以被图书馆自动化系统的云架构系统解决的部分问题包括：

1.成本投入问题

高投入成本和维修护理费用使图书馆自动化系统的使用受到限制，而且随着系统的老化，图书馆也需要承担升级和维护系统的费用，同样限制了图书馆的自动化水平。

2.有限的功能特点无法满足实际工作所需

伴随着数字化环境的出现，图书馆原有的服务理念和方式逐渐发生变化，图书馆原来的工作环境也发生了改变，它将一部分的工作环节从图书馆内转到图书馆外，现有的图书馆自动化系统很难满足需求。随着电子设备的不断更新发展，编目与检索的工作也将被新的工作形式替代，从而满足实际工作所需。

3.自动化系统的维护和管理问题

自动化系统的不断发展应用，其中也出现了一系列问题，由于供应商的各种原因（如技术人员的技术水平局限、不够了解用户需求等），这些问题无法得到及时维护。由运营商负责云平台上的自动化系统的管理和维护，将会大大降低图书馆对自动化系统的投入成本，并减少对技术人员的依赖。

但是，云架构依然存在风险和问题：

（1）数据存储环境不够安全。目前并没有创造出可以完全负担图书馆大数据量且开放的云计算环境应用的云环境。

（2）接入"云"的协议和接口问题。图书馆的系统环境和软件平台存在不同，为了减少图书馆接入云的成本和改造、升级的费用，需要云服务商提供多样化的接口或者能统一协议和接口。

（3）没有法律、法规的监管，在图书馆参与云计算的环境共建与资源共享时就会存在版权纠纷问题。在面临隐私保护、访问安全、资源可靠性、责任等问题时，需要规范和可靠的法律保障。

笔者相信云架构下的自动化系统存在的问题一定可以随着对云平台的不断研究和深入应用而得到较好地解决，从而取得长足的发展。

二、数字资源管理

20世纪90年代以后，国内外图书馆随着互联网技术和数字化技术的发展先后迎来了"数字图书馆建设热潮"时期，用户可以使用互联网这种更加便捷的方式，获得大量的由纸质资源被数字化扫描、加工后变成的数字资源，图书馆通过向大量的商业数据库商购买由数字化的期刊、报纸、图书等构成的数据库来加速自身机构的数字化，同时购买了一些商业数据库。进入21世纪以后，图书馆便开始通过购买及各种层次的联合以采购更大范围的商业数据库，使自己的数据库更加丰富，使得图书馆馆藏建设的重点开始由印刷版资源不断倾斜向数字资源。除此以外，图书馆搜集并整合学位论文、机构知识库、网络免费资源等在各类原生态的数字资源，图书馆的馆藏结构也从以纸质资源为主转变为以数字资源为主。图书馆自动化系统的内涵和外延的拓展使其不再是单纯地用于对图书目录信息和图书借阅的管理，而图书馆目录的作用也在不断减弱，数字资源的管理方式已成为自动化系统中自动化管理的核心。

三、移动服务

互联网的快速发展使移动设备广泛流行，用户对网络服务的利用也不再为位置所局限。图书馆自动化系统开发商也迅速响应互联网走向移动互联时代的步伐，积极采取措施，推出了更多相关的应用服务平台。

图书馆自动化系统正在向移动互联的道路迈进，在移动互联网和移动设备需求下，图书馆自动化系统正对原来的系统进行合理的改变与扩充，可以提供多向服务，包括手机短信、资源检索网站等，涵盖的内容有移动数字资源检索、移动参考咨询、移动馆际互借等。如今推出的自动化系统新平台被用于多种用途，有的还被用于保证工作人员的移动互联要求，工作人员的图书借阅可以利用无线网络来完成。

目前，国内射频识别智慧型图书馆射频识别的应用在许多图书馆的兴建不仅提升了图书馆相关的服务水平，而且方便了广大读者。与传统的条形码标签不同的是，射频识别技术保存的内容和数据都很多，不仅存有图书自身的重要信息，而且存有图书在书架上的架位信息。在移动图书馆与射频识别的有机结合下，读者就可以利用对图书馆资源准确的物理定位满足需求。流行于图书馆的二维码技术偏向对数字资源的标识，二维码可以存储数字资源的统一资源定位符和开放链接地址信息，读者只需操作手持移动设备获得资源的二维码，就能得到数字资源的存放位置，不用进行反复的操作。在移动图书馆应用移动设备的全球定位系统导航技术下，图书馆的楼层分布、计算机的空闲状况、阅览室的可用位置等可以很清楚地被人们所掌控。在新技术的产生、应用与不断发展下，移动图书馆自动化系统将会发展扩大功能，给广大读者提供更全面、更深层次的服务。

第六章　图书馆信息资源建设的组织管理

第一节　信息资源建设组织管理的相关内容

一、信息资源组织管理的概念

（一）信息资源组织管理的概念

信息资源组织管理，就是图书馆对所收集的信息进行有序化与优质化的组织。即按照一定的要求，采用一定的科学规则和方法，通过对信息外在特征和内容特征的表述和排序，从而实现无序的信息流向有序的信息流的有机转换，使信息的集合达到有机的组合、科学的排序和有效的流通，促进用户对信息的有效利用和获取。也就是以现代技术为手段，对信息资源进行计划、组织、调控的活动过程。

（二）信息资源组织管理的意义

图书馆收藏了大量的多样化信息资源，虽然拓展了用户选取信息的范围，在很大程度上满足了用户对信息的需求，但是这些多样化的信息对用户利用信息又造成了新的困难。不同的信息系统由于其所依赖的技术环境不同，造成检索方法、检索界面的复杂性、差异性，要求用户要掌握多种检索方法，增加了信息查询的难度；不同类型、载体的信息缺乏必要的联系，造成用户查找、检索的困难和时间的浪费；不同来源的信息资源不可避免地出现重复、冗余的现象，影响了用户对信息查询的准确率；不同载体形态的信息资源之间缺乏关联，影响了信息查询的查全率。

因此，图书馆对入藏的信息资源进行科学合理的整合，使重复、冗余的信息被剔除掉，使分散无序的信息资源有序化，使纷繁复杂的查找方式、检索界面得到统一，从而使用户轻松地获取所需的信息，使各类型、各载体信息分布规律化。现代图书馆无论在管理观念还是在服务的技术手段上，都比传统的图书馆更重视也更有条件从事信息资源的开发利用，图书馆馆员应当成为信息的管理者和导航员。其首要任务就是通过对不同类型、不同载体的信息进行有序化、优化整合，为用户在信息海洋中寻求知识，提供帮助甚至直接提供知识，增强信息资源的活性与利用价值，进而通过对信息的分析、研究，把研究成果提供给社会，实现信息增值。

二、信息资源组织管理的原理

指导信息资源组织与管理的基本原理主要有系统原理和控制理论。

（一）系统原理

系统原理是现代图书馆信息资源建设的重要指导思想，并在信息资源组织管理的序化阶段发挥着重要的指导作用。系统论认为，系统是由多个相互联系、相互制约的要素构成的有机整体，并按照目的性原则、整体性原则、层次性原则、有序性原则、联系性原则运行。图书馆馆藏也是一个系统，是一个由相互联系的多种不同成分的信息资源组成的具有特定功能的有机整体。尤其是在现代图书馆信息资源组织管理中，传统型信息资源与数字信息资源长期并存互补，现实馆藏与虚拟馆藏又各自独立。如何按照图书馆信息资源建设的整体目标形成完整统一的信息资源体系，则是图书馆信息资源组织管理的一项长期任务。所以，网络环境下的馆藏信息资源的组织就应充分运用系统原理，正确处理好各种信息资源之间的关系，在有效保存和利用传统型信息资源的同时，强化数字信息资源的收藏与组织，相互补充，适度并存。在处理现实馆藏与虚拟馆藏的关系时，既不能排斥虚拟馆藏，也不能过分依赖虚拟馆藏。所以，馆藏信息资源的组织管理就是借助系统原理对馆藏信息资源进行科学、合理的空间组合，充分发挥馆藏信息资源系统功能的活动过程。

（二）控制原理

控制原理是控制论的理论核心。在控制过程中，控制者通过对系统不断施加作用和影响达到系统预定的运行目标，而系统则在不断适应运行目标的过程中及时反馈各种信息，使控制者纠正偏差，确保目标的实现。控制原理和系统原理有着内在的联系，如果说控制原理是解决系统运行状态和规律问题的理论基础，那么系统原理就是解决系统自身组织层次问题的理论基础。

一个最佳的馆藏信息资源系统，不仅能够将系统内的各要素进行有机结合、合理周转和运行，而且应该具有不断自我调节和与时俱进的功能。这些功能的实现都有赖于控制原理的指导和运用。馆藏信息资源管理的目的是优化馆藏信息资源结构，完善信息资源体系的调节与控制功能，并使其达到最佳的运行状态，使馆藏信息资源不断适应社会发展的需要，最大限度地满足社会信息需求。在图书馆信息资源组织管理中如何建立控制与协调机制，实现信息资源体系的结构优化和整体布局的目标，是馆藏信息资源组织与管理的重中之重。

馆藏信息资源组织与管理是辩证统一的整体，馆藏信息资源的组织是信息资源建设的基础性工作，是将馆藏信息资源由分散变整体、由孤立变系统的过程；而馆藏信息资源的管理则是在有序化的基础上，针对某种目的，依照结构功能优化原理对信息资源结构进行优化的过程，它是信息资源序化的继续与升华。馆藏信息资源组织管理是图书馆实现信息资源社会化利用的最重要条件之一，是实现信息资源不断增值、提高其社会价值的主要依凭。

三、信息资源组织管理的内容

信息资源组织管理大体涉及三个层面的内容：

（一）信息资源布局结构的规划与组织

信息资源布局结构的规划是图书馆信息资源开发利用的关键和核心问题。发挥馆藏信息资源的作用，最大限度满足图书馆读者不断变化的信息需求，是对信息资源组织管理的具体要求。信息资源布局的结构直接影响着图书馆服务的保障能力。

信息资源布局结构规划的目标是将相对有限的信息资源组织成为一个具有科学层次结构和合理空间布局的网络系统和保障体系。它需要解决四个方面的问题：（1）选择什么样的模式组织馆藏信息资源；（2）选择什么样的思路保证馆藏信息资源的持续发展；（3）选择什么样的方式序化馆藏信息资源；（4）选择什么样的策略提供给读者利用。

为实现这一目标，图书馆信息资源的组织与管理应做到：在空间区域上，以馆藏信息资源的学科分布为主线，将各种载体的信息资源与读者的信息需求有机结合起来，形成不同的信息资源利用空间；在时间范围上，充分反映和有效组织不同时期人类文化知识成果，传承历史，延续人类文明的发展脉络；在数量发展上，强调存量与增量的配置，品种与复本的关系处理，各种载体形态的信息资源相互补充。力图通过对信息资源组织结构的层次规划和研究，建立最优化的馆藏信息资源组织模式，形成结构合理的信息资源保障格局。

（二）信息资源的序化和管理

信息资源的序化和管理是图书馆信息资源组织管理的基础性工作内容，是在信息资源布局结构规划的指导下开展的具体活动，其目的在于保持图书馆信息资源体系的层次性、有序性及有效性。

信息资源序化和管理包括信息资源的组织与排架、信息资源的复选与剔除、信息资源的保存与保护等工作内容。信息资源的组织与排架是按照一定的排列方式对图书馆已加工处理的信息资源进行的再序化，以确定信息资源准确位置的过程。信息资源的复选与剔除是对图书馆信息资源内容进行的再筛选，以优化馆藏结构、节省馆藏空间、增加馆藏信息资源体系活力的过程。而信息资源的保存与保护则是对馆藏信息资源的载体形态的维护和修复、延长信息资源使用寿命的过程。可以看出，馆藏信息资源的序化和管理是一个建立信息资源流通渠道的完整过程，其畅通与否直接影响图书馆读者对信息资源的利用效率，影响信息资源体系利用的质量。

（三）信息资源评估活动的组织

信息资源的评价是图书馆信息资源建设中的重要内容，也是信息资源组织管理工作的最后一个重要环节。信息资源体系评价活动是对信息资源组织管理工作进行的全面检验，也是对信息资源体系运行状态进行的目标校正和信息反馈。它通过运用各种定性的和定量的方法，对信息资源体系的结构和功能进行检测，找出既定目标与实际效果之间的差异，为完善信息资源体系的功能，优化图书馆信息资源体系结构，提高图书馆服务能力提供可靠的依据。

信息资源评价的客观对象是信息资源，包括传统馆藏信息资源中的传统型文献和少量的缩微文献、声像资料、机读资料和光盘，以及数字馆藏中的各种电子文献和数据库，同时还包括以联机数据库和网络信息资源为主的虚拟馆藏。因此，对馆藏信息资源质量评价的内容应充分体现其整体性，不仅要全面衡量图书馆的馆藏能力以及馆藏建设的系统运行状态，实施总体控制与调节，而且应对馆藏信息资源建设的全过程进行检验，分析信息资源采集与组织管理的方针、原则、发展规划及相关政策、经费配置等问题。

四、信息资源组织管理的方法

随着图书馆电子化、数字化信息资源的迅速发展，信息资源品种和数量不断增多，馆藏信息资源体系不断扩展，信息资源的组织管理方法也愈发多种多样。信息资源的组织管理大体可以从信息资源内容和信息资源形式两个方面进行。

（一）从信息资源内容方面组织

从信息资源内容方面对图书馆信息资源进行组织是馆藏信息资源组织的重要方法之一。它是根据信息资源的内容特征，使用一套含有语义关系的符号系统组织信息资源。这种信息资源的组织方法就是内容组织法。内容组织法对馆藏信息资源不仅具有序化功能，而且对图书馆读者的信息资源利用来说还具有引导和认知的功能，是信息资源组织的核心方法。常用的内容特征组织法有分类组织法、主题组织法。

（1）分类组织法是一种按照学科或体系范畴，依据类别特征组织和排列馆藏信息资源的方法。由于分类是人类社会的一种基本的思维方式和活动方式，是从本质上揭示和把握事物之间的区别与联系的重要手段，因此，分类组织法是以知识属性描述和表达文献内容关系的一种馆藏信息资源组织方法。

（2）主题组织法是根据信息资源内容相关主题概念的特征进行馆藏信息资源组织的方法。如果说分类组织法是按照信息资源内容的逻辑关系顺序进行馆藏信息资源组织的话，那么主题组织法则是从事物本身、从文字的形式上进行馆藏信息资源组织的方法。它以语词作为检索标识，按字顺进行馆藏信息资源的排列，并将同一主题的内容聚集在特定的空间内以提供利用，具有较强的直观性。

（二）从信息资源形式方面组织

从信息资源形式方面进行组织的方法是指根据信息资源的外部形式特征和物质形态特征进行组织的方法。馆藏信息资源的多元化导致图书馆信息资源的组织利用方式多种多样，这种多维的特点形成了读者利用的基本条件，也是馆藏信息资源组织序化的基本要素，因此，按照信息资源的外部形式特征和物质形态特征进行信息资源组织就成为信息资源组织的基本方法。常见的组织方法有：出版形式组织法、载体形态组织法、时序特征组织法、地序特征组织法等。

（1）出版形式组织法。是指根据信息资源的出版编辑形式进行的组织方法。图书馆按照信息资源的出版形式，将信息资源划分成图书、连续出版物、特种文献等不同的组织空间，在构建馆藏信息资源集中利用通道的同时，也便于按照信息资源的出版特点进行集中管理，如注重图书收藏的系统性与针对性，注重特种文献收藏的完整性和全面性，注重连续出版物收藏的连续性和时效性等，使图书馆信息资源体系得到充分的体现与利用。

（2）载体形态组织法。是指根据馆藏信息资源外部单元的载体形态特征进行组织的方法。在信息技术环境下，新型的信息载体不断出现，改变了图书馆信息资源体系的载体结构，丰富了图书馆馆藏信息资源的类型。为了使不同类型馆藏信息资源被读者认知和利用，图书馆根据信息资源的载体形态（如磁带、光盘、网络等）的不同特点，组成不同资源的管理和利用区间，如很多图书馆将光盘文献、视听资料、缩微文献等采取集中组织的方式，在全面了解信息资源载体特征的基础上充分发挥不同载体形态资源的作用，指导读者进行有效利用。

（3）时序特征组织法。是指根据信息资源编辑出版的时间特征进行馆藏信息资源组织的方法。这种信息资源组织方法体现了信息资源收藏的历史价值，反映了馆藏信息资源的形成和发展的历史脉络。同时，这种馆藏信息资源组织方法还能够使读者掌握相关信息资源的发展历史及其社会价值。如图书馆将珍藏的古籍善本文献按照时间的顺序进行区分和集中组织，以实现妥善保存和有效利用。

（4）地序特征组织法。是指根据信息资源内容涉及的国家和地区以及信息资源出版的地理区域特征进行馆藏信息资源组织的方法。它能以地区为中心集中所有的相关馆藏信息资源，反映某一地区的历史面貌和发展，因此具有较强的系统性和地方性。如图书馆对地方文献的组织就宜采用这种方法，既突出了地方特点，也便于读者查找和利用。

总之，馆藏信息资源的组织方法多种多样，图书馆可以根据自己的馆藏特点和读者的实际需要进行选择和利用。

第二节　传统型馆藏的组织管理

一、传统型馆藏的组织

传统型馆藏是图书馆馆藏中以纸张为载体，以油印、石印、胶印、铅印和复印等印刷方式记录信息和知识而形成的文献形式的信息资源的集合。传统型馆藏一直是现代图书馆馆藏中不可或缺的重要组成部分。

（一）传统型馆藏的布局

所谓传统型馆藏布局，是指将图书馆入藏的全部传统型文献，按照一定的标准，划分为相对独立联系的若干部分，建立各种功能的书库，为每一部分藏书确定合理的存放位置，以便保存和利用。传统型馆藏布局的实质就是对传统型馆藏信息资源进行空间位置上的科学、合理划分，力求使传统型馆藏信息资源与读者需求达到最佳结合点。

传统型馆藏布局所研究的具体问题是，对所收藏的文献怎样依据科学的布局模式，使其发挥最大的效益，最大限度地满足用户的需求，以及所收集的传统型信息资源采选到馆后，怎样科学合理地将其分配到适合的传统型信息资源收藏地点。

1.传统型馆藏布局的依据与要求

传统型馆藏布局是为达到有效利用和妥善保存传统型信息资源的目的而进行的一项活动，它由以下几方面的因素决定：

第一，图书馆的任务和读者需求。不同类型的图书馆所担负的服务任务不同，读者的需求特点和规律不同，按需设置，区别服务，是馆藏布局的一个重要出发点。

第二，传统型馆藏信息资源的数量、质量和学科、等级、文种、时间及传统型信息资源类型的供求状况，决定了馆藏布局的结构、功能和规模。

第三，人力、物力、财力条件及图书馆建筑格局。传统型馆藏布局的规模、藏书点的多寡，必然受到图书馆人员、馆舍、设备、资金等物质条件的制约，此外，图书馆的建筑格局也客观地制约着传统型馆藏布局。比如，书库空间狭小，限制了传统型馆藏信息资源的借阅一体化布局，制约了图书馆构建大空间的传统型信息资源收藏与利用模式的发展。

因此，传统型馆藏的布局要综合考虑以上制约因素，要通过科学的组织与规划，使传统型馆藏信息资源在客观条件许可的情况下发挥其最大的作用。

一个理想的传统型馆藏布局体系应满足以下要求：（1）有利于提高传统型馆藏资源利用率，充分发挥传统型馆藏信息资源的效益；（2）有利于满足不同读者的需要，提高图书馆服务工作的效率；（3）有利于充分利用图书馆的有效面积，节约书库和阅览室的空间；（4）有利于传统型馆藏资源的馆内流动，并与图书馆其他资源利用相协调；（5）有利于图书馆工作人员熟悉和研究传统型馆藏，便于开展灵活、迅速、周到的服务；（6）有利于传统型信息资源的保管，避免丢失和损坏，延长传统型资源的使用寿命。在图书馆实际工作中，以上要求不可能完全实现，要互相兼顾，也要有所取舍。

2.传统型馆藏布局的原则

尽管各图书馆由于类型不同、方针任务有差别和规模大小不同，其传统型馆藏信息资源的布局也不尽相同，但他们在遵循传统型馆藏布局的原则时还是有共同点的，主要表现在以下三个方面：

（1）方便用户利用的原则

传统型馆藏信息资源是供用户利用的，传统型馆藏信息资源布局的目的就是最大限度地方便用户的利用。因此，方便用户利用是传统型馆藏布局遵循的首要原则。

（2）充分发挥传统型信息资源功能的原则

传统型馆藏信息资源布局在最大限度地方便用户利用的同时，要体现充分发挥各学科专业、各类型文献的使用功效的原则。功能明确是传统型馆藏信息资源整体质量不断提高的前提。因此，在传统型馆藏布局划分时，要考虑主要用户群对传统型信息资源的需求利用情况，各学科专业、各类型传统型信息资源之间的有机联系。

（3）传统型信息资源运转灵活的原则

传统型信息资源运转灵活的原则是指各文献库文献布局的方位，要便于用户选择、借阅，便于馆内对文献的日常整理，便于各文献库间文献的调整流动，便于文献从采编部到各文献库、借阅处、阅览室、参考咨询室之间的运转交流。

3.传统型馆藏布局的方式

传统型馆藏布局的方式多种多样，它们从不同方面、不同程度上体现出传统型信息资源布局的要求。

（1）展开式水平布局

展开式水平布局主要适用于直接面向读者的开架流通书库。这种布局形式的书库、阅览室、借书处都是在同一水平面上，因此便于读者对图书馆传统型资源的查找和利用，提高馆藏利用效率。这种布局方式的不足是占据空间范围大，传统型文献传递路程长，限制了自动化传递装置的使用，书库的建筑造价高，同时不利于传统型资源的保管。

（2）塔式垂直布局

塔式垂直布局主要指塔式书库。这种塔式书库主要适用于闭架流通书库和保存书库。其优点是能使藏书在最小的空间范围内得到最大程度的集中，保持了藏书的安全状态，同时使得书库藏书接近各阅览室，与读者保持短距离联系。现在许多大中型图书馆的书库都采用了这种结构。其缺点是每层书库都要设置管理员，或者是由其管理员负责某几层书库，这样不仅体力负担过重，而且会降低劳动效率和为读者服务的效率。此外，这种书库大都安装全自动或半自动的运输设备和联系设施，所占空间太大，增加了馆舍的建筑费用和使用费用。

（3）立体交叉式混合布局

立体交叉式混合布局是对不同的传统型文献采用不同的布局形式，常用书尽可能放在和阅览室处于同一平面的书库，使其最接近于读者；不常用图书放在书库中不与阅览室相连的垂直位置上，形成立体的交叉布局。一般来说，藏书规模在10万册以下的小型图书馆通常采用水平布局，使图书的采、分、编、典、流形成一个直接的平面的工作流程；而10万册以上的中型图书馆则应有单独的书库建筑，藏书布局以一、两种方式并用；对于100万册以上的大型图书馆，一般建立塔式书库，藏书采用立体交叉式布局。

（4）三线典藏制布局

所谓三线典藏制，就是按照传统型馆藏信息资源的利用率高低及新旧程度，结合服务方式，将其依次划分为三个层次，组成一、二、三线的布局体制。一线书库布局特征是：提供利用率最高、针对性最强、最新出版的传统型信息资源，供读者开架借阅；二线书库的布局特征是：提供利用率较高、参考性较强、近期出版的传统型信息资源，可根据情况供读者开架借阅或盲目借阅；三线书库的布局特征是：集中收藏利用率低、过期失效以及内部备查参考的传统型信息资源。

（5）藏借阅一体化布局

所谓藏借阅一体化布局，是一种全开架布局，它利用计算机技术、通信技术、网络技术等信息技术，采用"统一管理方式"，即大开间、少间隔的建筑格局，各处设有桌椅，方便读者就近阅览，传统型文献按学科、知识门类集中起来，读者可以随意浏览和自由获取，除特藏文献和现刊以外，其他传统型文献尽量不单设阅览室。这种布局被国外图书馆普遍采用，现在国内新建馆舍的图书馆大多也采用这种布局。

藏借阅一体化布局的优点主要体现在：提高传统型馆藏信息的利用率；减少复本，节约购书经费；节约人力资源，提高服务质量。

藏借阅一体化布局的要求主要有：①图书馆建筑设计要体现灵活性，功能转换要便利；②管理模式要更新；③强化用户参与意识和自我服务能力；④提高馆员的参考咨询能力；⑤营造人性化学习环境，形成藏、借、阅、管为一体的综合性功能空间。

（二）传统型馆藏的排架

传统型馆藏的排架，就是将传统型馆藏信息资源有序地陈放在书架上，并形成一定的检索体系，使每一种传统型信息资源在书库及书架中都有固定的位置，便于图书馆员及读者能准确地取书与归架。

1.传统型馆藏排架的目的与要求

传统型馆藏排架的目的是便于藏书的检索、利用。为了达到检索、利用的最佳效果，对藏书排架有以下几个方面的要求：

（1）利于提高检索效率，取书、归架迅速简便，节省时间和体力消耗。

（2）建立实用的排列系统，便于馆员直接在书架上熟悉和研究馆藏，也便于读者选择、使用藏书。

（3）建立准确清晰的排架标识，尽量减少误差。

（4）充分利用书库空间，节约书库面积，减少倒架的麻烦。

（5）有利于对藏书进行管理，便于藏书清点和剔除。

在实际工作中，要满足按内容系统选书和研究馆藏的需求，往往与提高检索效率和排架经济简便相矛盾。因此，要选择适合不同类型藏书的排架方法，尽可能找到各种排架方法的结合点，以便灵活地加以运用。

2.传统型馆藏的排架方法

传统型馆藏的排架方法，按出版物的特征标识，可分为两大类型：第一类是内容排架法，以出版物的内容特征为标识，包括分类排架、专题排架。其中，分类排架是主要排架法。第二类是形式排架法，以出版物的形式特征为标识，包括字顺排架、固定排架、登记号排架，以及文种排架、年代排架、书型排架等。

（1）内容排架法。指以传统型信息资源内容特征为排架标识而进行排架的方法。它又分为分类排架法和专题排架法。

①分类排架法：按照传统型信息资源本身内容所属的学科体系排列藏书的方法。由于这个体系与图书分类体系相一致，所以分类排架就是以图书分类系统为主体排列藏书。分类排架号由分类号和辅助代表同类图书的区分号组成。分类排架先按分类号顺序排列，保证分类号相同；再按区分号排列，一直区分到各类图书的不同品种。区分不同品种、不同书名以至不同版本的区分号，通常有著者号（字顺号）、种次号、登记号等。

分类排架法的优点：A.使内容相同的书集中在一起，内容相近的书联系在一起，内容不同的书区别开来；B.便于馆员系统地熟悉和研究藏书，为调整藏书结构提供依据，也便于宣传推介图书，有效地指导阅读；C.便于读者直接在书架上找到同类书或相近类藏书，扩大借阅范围。

分类排架也有一些明显的缺点：A.书架不能排满，造成空间的浪费，不能充分利用书库空间；B.当新书大量增加、某些类别图书排架饱和、同类新书无法排进而又必须集中在一起时，则需要进行倒架，倒架耗费较多人力和时间，增加劳动强度；C.分类排架号是内容与形式的双组号，排架号码较长，造成排书归架速度较慢，容易出错，造成检索困难。

②专题排架法：也是按出版的内容特征排列藏书的方法。它是将出版物根据一定专题范围集中起来，向读者宣传推荐，带有专架陈列、专架展览性质。专题范围与分类范围不同。分类是纵向层次展开，专题则是横向范围的集中，它打破了学科界限，将分散在各个小类甚至大类下的同一专题的出版物集中在一起，提供给对某一专题内容感兴趣的读者。专题排架法机动灵活，适应性强，通常在外借处、阅览室及开架书库，用来宣传某一专题、某一体裁的新书。它是一种辅助性内容排架法，不能按照这一方法排列所有的藏书，只能排列部分藏书。

（2）形式排架法。形式排架法是按照藏书的外部特征进行藏书排列的。主要有六种方法：

①登记号排架法：主要按图书馆为每一本书刊编制的个别登记的顺序

排列藏书。这些登记号只反映出版的先后顺序或入藏的先后顺序，而不管它们的内容归属。按照个别登记号排列出版物，简单清楚，一书一号，方便取书、归架、清点，但不能反映出版物的内容范围，不便直接在书架上检索利用。

②固定排架法：即按照出版物的固定编号排架。图书馆给每本书刊按入藏先后顺序编制一个固定的排架号，这个固定排架号由四组号码组成：库室号、书架号、层格号、书位号。固定排架的优点是：号码单一，位置固定，易记易排，节省空间，不会产生倒架现象。其缺点是：同类同复本书不能集中在一起，不便直接在书架上熟悉、研究与检索藏书。我国国家版本图书馆即采用固定排架法，密集排列各种长期保存的样本书。

③字顺排架法：是依据一定的检字方法，按照出版物的书名或著者名称的字顺排列藏书的方式。中文书刊通常采用四角号码法、笔画笔形法、汉语拼音字母确定排架顺序。字顺排架法，可以单独用于排列闭架的中外文期刊，并同年代顺序结合使用。作为一种辅助性方法，它同分类排架法结合，成为分类字顺排架法。尤其是分类著者排架法，用来排列中外文普通图书，使同类著者同复本的书集中在一起，便于读者检索使用。

④年代排架法：指按出版物本身的出版年代顺序排列藏书的方法。这是一种辅助性组配排架法，特别适用于排列过期报纸杂志合订本及其他有年代标志的连续出版物。

⑤文种排架法：按出版物本身的语言文字，排列各种外文文献。这是又一种辅助性组配排架法。文种排架号通常由两组或两组以上的号码组成：文种号、分类号、著者号，或文种号、年代号、字顺号等。

⑥书型排架法：按照出版物的外形特征，分别排列特体规格或特殊装帧的书刊资料，是一种辅助性组配排架法。这种排架法将不同类型、不同规格的出版物区别开来，并用不同的字母标示特殊类型、特殊规格的出版物。

3.各类型传统型信息资源的排架

在藏书排架实践中，图书馆对不同类型、不同用途的藏书，采用不同的排架方法，并以两种以上的排架法结合使用，发挥各种排架法的固有长处，克服各自的局限性。

（1）中外文普通图书的排列，一般采用分类与字顺（著者字顺、书名字顺）或分类与序号（种次号）组配，以分类著者号、分类书名号、分类种次号为排架号。其中，分类种次号排列法比较简单，容易掌握，工作效率高，但不能集中同一门类中同一著者的著作。分类著者号不仅能集中同一门类的图书，而且可以在同一门类中集中同一著者的著作。这两种排列法，为较多图书馆所采用。

（2）期刊排列的方法繁多，一般来说，现刊宜采用分类排架，方法有两种：一种是分类刊名字顺排架法，另一种是分类种次号排架法。两种方法均先将现刊按知识类分类，同类的现刊再按文种区分，前者对同类、同文中的各种现刊按刊名顺序排列，后者则按种次号排列。过刊一般情况下按不同文种分开排架。同文种过刊可采用形式排架或分类排架。形式排架法有三种可供选择的方法：一是刊名字顺排架法，即按期刊名称字顺排列，同种期刊按年、卷数字顺序排列；二是登记号排架法，即按过刊合订本的财产登记号顺序排列；三是种次号排列，给每种期刊按其到馆先后顺序编一种次号，然后按此号顺序排列。分类排架则和现刊分类排架相同，一是分类刊名字顺排架法；二是分类种次号排架法。

（3）资料一般用形式排架法排列，分为内部资料和零散资料，出版形式多种多样，篇幅也较小，应装入资料盒或资料袋中，采用登记号顺序排架。科技报告、专利说明书、技术标准等特种文献资料，因原来就编有各自的报告号、专利号、标准代号，所以可按原编号的顺序排列，原编号就是索取号。

（4）版型特殊的图书，如大开本书、图表、卷筒等，采用书型排架法并和其他排架法配合。一般是先分成几个类型，以不同字母标示，即书型号，再在同一类型中再按登记号排列，由书型号和登记号构成该书的索书号。

二、传统型馆藏的管理

传统型馆藏的管理就是将已经采访的传统型信息资源，按照一定的要求，进行登记、编目、典藏、流通、调配和保护等工作过程。其目的在于保持传统型馆藏信息资源处于良好的工作状态，充分有效地为读者所利用，长期完整地保存下去。

（一）传统型馆藏的登记

1.传统型馆藏登记的意义

传统型信息的登记是传统型馆藏管理的第一步。图书馆对采访到馆的传统型信息资源以及传统型信息资源收藏的变化情况（如遗失、剔除、寄存等）进行准确记录的工作，称传统型馆藏登记。

通过馆藏登记，可以了解和掌握全馆传统型馆藏信息资源发展的总动态，有利于掌握和了解馆藏、文献清点、文献保管等工作的顺利进行；统计分析各类传统型信息资源发展变化的数量比例，检查书刊经费的分配使用情况，为制订和修改馆藏补充计划和馆藏发展规划提供精确的统计资料及可靠的书面依据。同时也可以具体了解到某一册文献的具体细节信息。凡是到馆的传统型信息资源，无论是购买的、赠送的、呈缴的，还是通过其他方式到馆的传统型资源，都要进行登录。同时对于遗失、损毁、剔除的传统型资源也必须予以注销登记。馆藏登记的基本要求是：完整、准确、及时、一致。登记财产账目记录的传统型信息资源数量要与实际馆藏传统型信息资源数量相符合。

2.传统型馆藏登记的方法

现在各高校图书馆都采用图书馆集成管理系统进行登记验收，传统型信息资源登记一般是在图书馆集成管理系统中按入藏的先后次序进行，每一册传统型文献都给一个登记号，又称入藏号；每一批入藏文献给一个批次号。因此，当前的传统型馆藏登记合并了传统登记的总括登记和个别登记，只需在采访模块中的验收模块一次性登记各种信息就可完成验收登记工作。登记内容包括：登记日期、登记批次号、传统型文献来源、文献种数册数、单册价格、本批次文献价格、文献登记号、本批次起止登记号等。

（二）传统型馆藏的编目

传统型馆藏的编目实质就是对文献进行编目及完成编目后所进行的编目组织。所谓文献编目，是按照特定的规则和方法，对文献进行著录，制成款目并通过字顺和分类等途径组织成目录或其他类似检索工具的活动过程。其主要作用是记录某一空间、时间、学科或主题范围的文献，使之有序化，从而达到宣传报道、检索利用和管理文献的目的。

文献编目工作，必须事先确定和准备好所要采用的著录规则（编目条例）、分类法、主题词表、著者号码表、分类规则、主题标引规则以及目录组织规则等。

目前各高校图书馆都采用联机合作编目的形式。所谓联机合作编目，就是在特定范围的图书馆编目机构，在约定的规则下，通过一定的技术手段，使本地终端或工作站（客户端）与远程中心数据库相连，即时实现记录的处理和传送，达到编目工作的共建和共享。

联机合作编目流程一般包括文献著录、文献分类和主题标引、文献技术加工、打印批次财产账等基本程序。以图书馆图书编目为例：图书经过采购或缴送、交换等途径到馆并进行财产登记验收以后，即转到编目部门（或环节）进行编目加工。

首先进行查重，确定是否为已经编目的复本书。如果是复本书，则无须再进行编目，只要在编目数据上添加登记号然后保存即可。如果是未经编目的图书，则按照所采用的著录规则进行著录，同时按照所采用的图书分类法和主题词表进行分类和主题标引，将著录项目、分类号和主题词等按照规定的格式著录在机器可读目录数据上；采用著者号码区别同类图书的，还须按照特定的著者号码表给出著者号码，并将其（或者按其他方法确定的种次号）记录在分类号下一行以组成索书号进行存盘，一条机器可读目录编目数据即完成。同时，对已编目的图书进行图书技术加工，如粘贴书标、射频识别标签转换等，便于图书排架和流通阅览。编目组织工作可根据书名或分类等途径由计算机自动完成。

（三）传统型馆藏的典藏

传统型馆藏的典藏就是将已分类、编目、加工和整理好的文献，按照一定的馆藏分布原则，进行科学合理的保存和管理。传统型馆藏的典藏作为图书馆馆藏建设工作中的一个重要环节，使馆藏与读者需求能在最恰当的地方得以相互沟通并达到结构的合理化、布局的实用化、保管的科学化及利用的最佳化。典藏工作包括：文献分配、调拨、清点和剔旧。

传统型馆藏的典藏作用有以下三方面：

（1）有利于实现馆藏资源的调配。图书馆典藏工作在验收图书后，根据图书的采购数量、类型以及读者的阅读需求对各库（如社会科学库、自然科学库、工具书库、外文书库、特色库）图书的设置进行调配，保证图书"藏"与"用"的合理性。因此，典藏部门通过对图书的合理调配，能够有效提高图书馆图书资源的使用效率。

（2）有利于实现馆藏管理的反馈。图书馆的采访人员要依据图书的藏书数量、各类图书借阅量等信息进行图书采购，而典藏部门的统计数据恰好可以为采购工作提供完整的采购反馈信息，使图书提供与读者阅读需求的契合度更高。因此，图书馆典藏统计数据对于采购工作的信息反馈非常重要，管理者要想实现图书馆馆藏科学、可持续发展，就必须给予典藏统计数据足够的重视。

（3）有利于馆藏资源的清点和剔除。图书馆传统型馆藏信息时效性都很强，因此，图书馆为提高资源典藏质量和提高资源典藏的利用率，同时也由于馆藏规模限制，就需要定期对传统型馆藏资源进行清点和剔除，实现馆藏资源的"新陈代谢"。而典藏统计、典藏数据等信息就是管理人员完成清点和剔除工作的依据，清点和剔除工作是图书馆典藏管理中最为复杂的工作，应谨慎进行。

1.典藏分配

典藏分配就是根据新书典藏分配的规则，如本馆传统型信息资源的布局模式、复本分配的标准、外借与阅览的比例、总馆与分馆的关系、接收新入藏传统型信息资源的各个书库或阅览室的性质和任务以及它们之间的分工等，将新入藏文献分配给各书库或阅览室，满足读者的借阅需求。具体操作是：以汇文系统为例，进入图书馆管理系统的典藏模块，选择"新书分配"，选择所要进行典藏的批次号，即可批量进行典藏。

2.典藏调拨

图书馆馆藏管理是一个动态的过程，为了使传统型信息资源的布局达到最佳状态，必须对传统型信息资源的布局、传统型信息资源收藏地点的分配进行科学合理的调配，使传统型馆藏资源随时随地都能得到最充分地利用。

典藏人员依据一段时间传统型文献借阅的实际情况，或是传统型文献收藏地点的设置的变化，对原有分配到各书库及各借阅室的藏书进行重新调整，有利于充分发挥馆藏文献的作用，最大限度地满足读者的借阅要求。以汇文系统为例，调拨内容有调拨批次、调拨类型、原馆藏地、新馆藏地、文献类型及具体文献信息。建立和健全统一的典藏调拨制度，是对传统型馆藏信息资源进行科学管理的保证。

3.典藏清点

传统型馆藏的清点是按照一定的馆藏记录，核对传统型馆藏信息资源，以核实传统型馆藏信息资源的实存情况和短缺情况。

清点工作的目的有两个：一是摸清家底，了解掌握馆藏现状；二是发现问题，纠正错误，改进工作。

清点是一项复杂且细致的工作，要有组织、有计划地进行。清点分为准备、实施与收尾三个阶段。在清点工作开始之前，必须先制订清点工作计划，明确清点工作的目的、范围、方法、要求、时间及人员安排等。另外，准备工作还包括催还图书、整理书架、集中分散的传统型馆藏信息资源。

在传统型馆藏信息资源的清点过程中，还要求将清点与复选剔除、破损修补、内部书提存、改正分编中的差错等结合起来进行，边点、边选、边改。每个图书馆都应该使清点工作常规化、制度化。

随着图书馆自动化系统的广泛应用和书目数据的机读化，图书馆传统型信息资源清点工作逐渐脱离了手工清点时代，进入了计算机清点管理阶段。计算机馆藏资源清点有多种方法，但由于各图书馆应用的自动化集成系统不同，利用计算机对传统型信息资源的清点方式、方法就不同。一般情况下，是利用条码识别器进行清点。

图书馆对入藏的传统型信息资源进行加工后都赋予一个条码号（即登录号），条码号是传统型信息资源的唯一标识，具有定位传统型信息资源的功能。传统型信息资源条形码是传统型信息资源流通的依据，是传统型信息资源借阅的基础数据。在一个图书馆内，一个条形码只能用于一本（件）文献，一个读者借阅证。而一本（件）文献，一个读者借阅证只有一个条码号，两者之间是一种对应关系。这种唯一性决定了条形码在图书馆管理和图书清点中的地位及发挥的特殊作用。

4.典藏剔除（剔旧）

传统型馆藏信息资源剔除工作是一项细致又复杂的工作，也是一项思想性、科学性、学术性、现实性很强的工作，因此必须要有领导、有组织、有步骤地，积极、稳妥地进行。

（1）传统型馆藏信息资源剔除的原因

①知识更新速度加快，传统型信息资源的使用寿命愈来愈短，致使很大一部分传统型信息资源的利用率降低乃至完全失去使用价值。这是传统型馆藏信息资源剔除的本质原因。

②传统型信息资源数量急剧增大，使图书馆出现"书满为患"的书库危机，这是传统型馆藏信息资源剔除的直接原因。

③图书馆服务任务或者读者对象的变化，导致传统型馆藏信息资源中会有一些不再符合本馆任务和读者需要的多余书刊，这是传统型馆藏信息资源剔除的又一重要原因。

④由于各方面的原因，图书馆收藏了一些与馆藏需要不符的多余书刊，对此有必要加以剔除。

（2）传统型馆藏信息资源剔除的意义

①优化馆藏结构，提高传统型馆藏信息资源质量。

②活化传统型馆藏信息资源体系，提高传统型信息资源利用率和图书馆服务工作效率。

③缓和书库紧张状况，有利于书库管理科学化。

④实现馆藏体系的重新开发与重新利用。

⑤对整个图书馆业务系统起到重要的调节作用。

总之，藏书剔除是优化图书馆工作系统不可缺少的重要环节。

（3）传统型馆藏信息资源剔除的方法

传统型信息资源的剔除，通常可采用定量统计方法和定性分析方法，一般应综合运用。

①定量方法

A.统计传统型信息资源的利用率。从过去利用率的高低可大致预见今后的利用率。主要通过统计借阅记录和滞架时间来计算。一般可确定出在某段时间内借阅次数低于某个数值者或滞架时间超过多久即剔除；同时，对于开架书、复本书的统计方法，应有更详细、更明确的规定。

B.传统型信息资源"老化"统计法。图书馆可依据传统型信息资源"老化"定律，规定一个指标体系，列出各个专业、各出版物类型、各水平层次的传统型信息资源的最高保存期，超过保存期限即予以剔除。

C.引文分析法。借助传统型信息资源计量学中的引文分析法确定传统型信息资源被利用的程度与趋势，决定某种传统型信息资源是否剔除。这种方法主要适用于连续出版物。

②定性方法

A.留整剔散法。图书馆已整套收藏了文献的作品集、选集、著作集，对其他多余单本应该剔除。

B.同类优选法。对同类内容相近的文献或同一内容的传统型信息资源应剔除旧版本，保留最新版本，因为新版本一般内容更为丰富，技术更为先进，适应性更强。

③集中剔除法

所谓集中剔除，就是集中一定的人力，组成一个专门的剔除小组开展工作。首先是对传统型馆藏信息资源现状进行调查，摸清家底，根据本馆的性质任务、用户需求、发展规划，拟定传统型信息资源剔旧方案（包括剔旧目的、标准、范围、做法、处理意见等），其次交由图书馆学术委员会讨论，征求专家和用户意见，加以修改，最后报上级领导审查，经批准后就可开始剔旧。剔除的传统型信息资源品种确定后，即要组织实施：将被剔除的传统型信息资源下架、撤出；注销财产，销去图书上的馆藏标志（通常是盖注销章）；还要记入和更改各项机器可读目录业务记录，修改或撤销机器可读目录中的有关数据。被剔除的传统型信息资源应按规定区别不同情况进行处理，如送缴贮存图书馆或贮存书库、调拨或转让给有关单位、转存交换书库、削价出售或销毁等。

（4）传统型馆藏信息资源剔除的范围

传统型馆藏信息资源哪些该剔除，剔除多少，这个问题很重要，这是剔旧工作能否达到提高传统型信息资源收藏目的的关键，因此剔除哪些书，一定要考虑本馆的类型、性质、任务、服务对象和发展规律，调查和分析本馆藏书利用的实际情况，严格筛选。对高质量、有使用价值的重点传统型信息资源应收集齐全，确保其连续性、完整性；对低质量、无使用价值的一般图书，一概剔除。

图书馆需剔除的传统型信息资源大致有三类：

①在物质形态上残破、缺损、污染，以及印刷粗劣不堪阅读的传统型信息资源。

②在数量上超过读者需要的传统型信息资源，包括过量的复本，以及同一著作的不同版本、文本和载体形式。

③在内容上已不为读者所需要的传统型信息资源。例如：思想内容陈旧，失去使用价值的传统型信息资源；由于语音、文体、风格、体裁、结构等表达方面的原因，失去对读者吸引力的传统型信息资源；因读者的对象变化或采访失误产生的在专业、级别、文别、出版物类型等方面与读者需要不符的传统型信息资源等。

（四）传统型馆藏的保护

收藏传统型信息资源的目的是利用，而利用则必须以传统型信息资源的有效保管为前提。有效地保护好传统型馆藏信息资源，延长其使用寿命，为现在和将来的有效利用创造了条件，发挥传统型信息资源潜在的使用价值，是传统型馆藏信息资源保护的重要任务。

图书馆应采取系统的安全保护措施，以预防为主，最大限度地改善传统型馆藏信息资源保存的条件，消除导致传统型馆藏信息资源损失变质的各种隐患。就一般图书馆而言，传统型信息资源保护的方法和措施要注意温湿度控制、防火、防光、防虫、防霉、防鼠、防破损等。

1.加强教育。加强工作人员自身的职业道德教育；加强对读者的道德素质教育；建立健全赔偿、惩罚制度；安装自动防盗报警系统。

2.温湿度控制。控制温度最有效的方法就是采用空调设备，另外，还可以采取在书库建筑上设置隔热层、库外植物绿化等方法。通风也是调节书库温湿度的一种简便易行的措施，还有安放干燥剂吸潮等办法。

3.防尘与防菌。书库、阅览室内应保持通风，使室内外空气得到流通；要经常进行卫生清洁，清除灰尘；控制书库温湿度；用蘸有甲醛的棉花揩拭等消毒灭菌。

4.防虫防鼠。书库内经常通风、防尘、防潮，除去虫、鼠等滋生繁殖的条件；堵塞书库的各种漏洞、墙缝，放置杀虫、灭鼠的药物。用化学药物熏蒸法、低温法、缺氧法、射线辐照法、诱捕诱杀法等方法消灭虫害、鼠害。

5.防火防涝。采取一切有效措施，防止火灾的发生；图书馆内禁止吸烟；严禁携带易燃易爆物品入馆；定期检查电路及电气设备是否完好；定期检查灭火器材是否有效；最好安装自动火灾探测报警系统；传统型馆藏信息资源最怕水浸，所以要注意防涝；书库尽可能建造在地势高处；平时要注意防漏。

6.装订修补。及时裱糊、修补磨损、撕页或脱线的书刊；期刊、报纸及时装订成册。

7.缩微复制。对于珍贵的文献资料进行缩微复制，备份保存。

三、贮存图书馆

（一）贮存图书馆的概念

贮存图书馆是专门保存各图书馆剔除的无用传统型信息资源或利用率较低的传统型信息资源的图书馆，又称寄存图书馆。

（二）贮存图书馆的形式

贮存图书馆的形式多种多样。有附属馆形式的贮存馆，有总馆本身临时贮存低利用率传统型信息资源的资料库，有地区合作贮存馆，有向所有图书馆开放的国家贮存馆。此外，还有被一些国际性组织指定为这些组织出版物的接收单位的贮存图书馆。

（三）贮存图书馆的任务

贮存图书馆应承担的主要任务是：接受各图书馆的不常用的出版物；满足读者和各图书馆对某些传统型信息资源的需求；指导有关图书馆做好不常用书刊的发掘和重新分配工作。

贮存图书馆的建立，可以促进馆际藏书协调，避免在传统型信息资源收集上的重复和浪费，有利于实现传统型信息资源的合理布局；有助于控制藏书量的迅速增长，克服书库空间的不足；可以促进馆藏的新陈代谢，使利用率较高的馆藏更好地集中，更方便地被读者利用；有利于提高图书馆的服务水平，并使整个图书馆馆藏趋向体系化，为全国传统型信息资源保障体系的建立奠定基础。

第三节　数字馆藏的组织管理

一、数字馆藏的概念与特点

（一）数字馆藏的概念

数字馆藏又叫数字化馆藏、电子馆藏，是图书馆馆藏中以数字形式保存的和借助于计算机网络可以利用的（如仅有网络使用权的外文数据库，以及其他形式的虚拟馆藏）那部分信息资源的集合。具体来说，它是图书馆馆藏中必须借助计算机等信息技术设备进行管理和利用的数字资源的总和。数字馆藏已成为现代图书馆馆藏中所占比例越来越大的重要资源。

数字馆藏从其形成方式来看，主要有三种类型：一是购入，主要包括图书馆通过签约付费后获得使用权的电子图书、电子期刊、镜像版数据库，也包括通过购买后拥有所有权的光盘资料和视听资料等；二是开发利用网络资源形成的虚拟馆藏，这类馆藏是按照特定要求而搜集的相关度很高的文件、网页等数字形态的资源，既可以下载到本地存放，也可以分散在网络的各个节点上，它仅仅是由链接集成在本地形成的资源导航体系；三是根据图书馆的服务任务和服务对象的需要，建立起来的与本校教学科研需要或者与本地区经济文化发展需求相适应的特色数据库和数字内容管理系统。

（二）数字馆藏的特点

数字馆藏不仅在存放形式上有别于印刷型馆藏，而且其高度的共享性和不受时间、地点限制的服务能力，使得人们逐渐重视数字馆藏的建设和发展。概括地说，数字馆藏的特点具体有如下几个方面：

1.高度的共享性。一份数字馆藏，如一种期刊或一个数据库，借助于计算机网络可以同时供多个地区的读者利用。

2.占用馆舍空间小，易于计算机操作。

3.开放时间长，服务范围大，不受图书馆作息时间的限制，不受地域限制。

4.对设备的依赖性强。数字馆藏必须借助一定的信息技术设备才能被有效地利用，如光盘塔、光盘库、光盘镜像服务器、磁盘库、磁盘阵列和服务器等。

5.对环境的要求高。这主要是指存储数字信息的存储设备、服务器和网络设备对环境的要求，如温度、湿度、防尘、防静电等。

6.易受损害。这有两方面的含义，一是数字馆藏易受病毒等的感染，导致不能正常使用；二是由于存储设备（如磁盘、光盘等）的损坏，导致数据丢失。

7.管理难度大。数字馆藏虽然可以依赖计算机进行自动管理，但由于构成数字馆藏的数字信息资源的知识产权问题、存储设备的更新换代问题、阅读有关资源的软件升级问题，以及数字馆藏的不定期迁移问题等，导致资源不易管理。其过程中涉及的因素太多，所以管理难度很大。

二、数字馆藏组织的含义和内容

数字馆藏组织，是指依据数字信息资源的固有特征，运用一定的方法和技术，对其进行揭示和描述，为数字信息资源提供有序化结构的过程。数字信息资源特征包括外部特征和内容特征。数字信息资源的外部特征一般是指信息载体的物理形态、题名、责任者、出版事项等。在信息组织中，记录信息外部特征称为描述，即根据特定的信息管理规则和技术标准，将存在于某一物理载体上的信息记录的外在特征进行选择和记录的过程。在信息组织中，对信息的内容特征进行的加工和整序称之为揭示或标引，是在分析信息内容的基础上，根据特定的标引规则与工具，赋予信息内容一定标识，以便将信息记录组成概念标识系统的信息处理过程。

从形式上看，数字信息资源组织与印刷型信息资源组织并无太大区别，但是，其基本内容与印刷型信息资源存在一定的区别。数字信息资源组织内容包括优化选择、描述揭示、确定标识和整理存储。

（一）优化选择

选择是数字信息资源组织的第一步。所谓选择，是在浩瀚的信息海洋里发现并确认具有组织、整理和保存价值的信息。从信息管理的角度来看，信息资源选择是根据用户的需要，从纷繁复杂的信息中把符合既定标准的一部分资源挑选出来的活动，是以选择主体对数字信息资源现象的认识为前提的，是人的主观认识与客观现实的相互作用。对数字信息资源进行整理，提高信息质量，并控制信息的流量流速，就必须进行优化选择。

（二）描述与揭示

描述与揭示是数字信息资源组织的重要内容，在数字信息资源组织中起着至关重要的作用。一般而言，对数字信息资源组织形式特征进行描述的过程称为著录。这个过程如同传统文献编目工作，其数据要按照一定的逻辑以一定的格式形成款目。对数字信息资源内容特征的揭示称为标引，是数字信息资源组织的专业化工作，是在分析信息内容属性及相关形式属性的基础上，用特定的检索语言（如分类语言、主题语言）表达分析出的属性和特征，并赋予信息检索标识的过程。标引是一项传统图书馆的信息组织工作。对于数字信息资源组织来说，同样适用。

（三）确定标识

检索标识，是以简练的形式表征的信息特征，目的是区分和辨识信息，作为有序存储和检索信息的依据。无检索标识的信息，不能形成检索系统，也不能有效地对其进行检索。与传统的印刷型信息不同，数字化信息复杂，其利用和处理需要依赖一定的格式和环境，而且在数据层面上，数字化信息还可以与另一个信息单元相联系，形成一种网状结构。在网络环境下，数字信息处于一种无序状态，同时，数字信息又是一种动态信息，确定数字信息资源的标识，对于建立一个有序的数字化信息资源保障体系十分重要。

（四）整理存储

对给定检索标识的数字信息进行整理，将内容相同的集中在一起，内容不同的区别开来，组织成为一个条理清晰、层次分明的信息系统之后，还应将这些信息按照一定的格式和顺序存储在特定的载体中，如各种光盘检索系统、联机检索系统、数据库、学科信息门户、网络检索工具等都是数字信息存储的方式。利用新型载体存储数字化信息，可增强数字信息资源的可控性、有序性和易用性，为高效率地利用数字信息资源提供条件。

三、数字馆藏组织的目标、原则

（一）数字馆藏组织的目标

庞杂的信息资源与人们特定信息需求的矛盾是信息交流的基本矛盾，这种矛盾早在信息交流活动诞生之日起就存在着，只不过在早期的信息交流活动中，这种矛盾并不突出。随着信息技术的发展和用户信息需求的变化，个性化信息服务的趋势愈来愈强劲。在个性化信息需求日益强烈和信息服务个性化快速发展的情况下，基于个性化服务的数字信息资源组织就显得特别重要。如何满足用户的个性化和专业化的信息需求，探求面向语义的数字信息资源组织的技术与方法，提供面向语义的信息服务，成为人们关注的焦点。数字信息资源组织的目标就在于利用最新的Web技术，实现面向语义的信息检索，最大限度地满足用户的检索需求。

（二）数字馆藏组织的原则

基于个性化服务的数字信息资源组织必须遵循如下原则：

1.目的性原则

基于个性化信息服务的数字信息资源的组织具有鲜明的目的性，即以用户为中心，紧密围绕用户的信息需求开展工作，注意信息机构的目标市场的需求状态及其变化特征。在信息资源组织与开发中，要充分了解用户需求，改进信息资源组织方式，运用先进的信息组织技术，使信息资源组织成果方便用户的选择和利用，尤其要注意将被动的信息资源检索变为主动的信息资源报送和知识导航，在信息资源与服务的整合开发和个性化服务方面下功夫，提供方便用户使用的功能，以优质的服务吸引用户。

（2）系统性原则。在对数字信息资源进行组织的过程中，坚持系统的观点和方法十分重要，没有系统性的数字信息资源组织工作是不可能实现其整体目标的。在信息组织中贯彻系统性原则，就能够平衡好各种关系，获得最佳的整体功能。

（3）客观性原则。如实地将数字信息资源的外在特征和内容特征进行描述和揭示，并有序地形成相应的数字信息资源组织的成果，是数字信息资源检索和利用的需要。只有这样，才能实现不同系统之间的数据交换，实现用户和系统以及系统与系统之间的有效沟通。

（4）易用性原则。数字信息资源组织的最终目的是方便用户有效利用，在其组织过程中，既要考虑普通用户的信息检索特点，尽量简单、易用，也要考虑研究型、专业型用户的信息需求，提供一些较为复杂的功能。使用方便是任何类型的信息资源组织系统中都必须遵循的一条原则，数字信息资源组织亦不例外。

（5）完备性原则。现代技术条件下，数字信息资源组织已经超越了信息媒体的限制，它可以利用高新技术，依托国家信息基础设施，建立数字信息资源组织网络体系，构建整合各种载体、各种类型的数字信息资源，如全文本信息、图像、声音、视频信息等，使之成为一个完整的有机整体，对于特定数字信息对象范围的收藏是完备的。这是完备性原则的第一层含义。另一层含义是，数字信息资源组织包括对传统图书馆信息资源的数字化处理，使之在存取层面构成一个整体。

四、数字馆藏组织的标准

数字信息是一种以数字代码方式将图、文、声、像等信息存储在磁、光等介质上的信息，数字信息资源组织体系的建立，需要遵循有关信息加工、描述等方面的标准。数字信息资源组织的标准主要包括：数据格式标准和信息资源描述标准。数据格式是对数字化信息的基本结构描述，可以实现不同计算机系统间交换数据。信息资源描述的标准可以实现用户和系统以及系统与系统之间的有效沟通。

（一）数据标记格式标准

数据标记格式标准是指对不同类型的数字文件的格式进行限定，便于不同计算机系统间交换数据的标准。包括页面著录标准、图形格式标准、结构信息标准、移动图像与音频格式等。其中超文本标记语言、通用标记语言与可扩展标记语言是用于数字信息资源组织方面的结构信息数据格式标准的典型，是人工可读格式的文献与数据库信息的超文本提供的标记语言。

（二）信息资源描述标准

资源的规范化描述是通过元数据规范和著录规范控制的。即在数据库中以字段的方式对数字信息资源的各种属性进行描述，如题名、作者等。这些描述信息是读者评判某一数字信息资源的依据、访问所选择站点的入口，也是导航系统检查的基石。元数据是对数据进行组织和处理的基础，是用来描述数字化信息资源，并确保这些数字化信息资源能够被计算机自动辨析、分解、提取和分析归纳的一种框架或一套编码体系。在信息资源组织中，就元数据的功能而言，它具有定位、描述、搜索、评估和选择等功能，而其最基本的功能在于为信息对象提供描述信息。

所有信息资源的属性都可以使用特定团体或相关元数据方案的规则进行描述。为了规范对信息资源的描述，国际上从事信息与文献工作的标准化组织和相关机构曾制定过多种标准、规则，包括书目及通用元数据方案和专业领域元数据方案。

五、数字馆藏组织的方式

数字信息资源组织的方式是指人们利用现代技术，结合数字信息资源的特点，对其进行加工、整理、排列、组合，使之有序化、系统化以后所呈现给用户的结构方式和表现形式。这种结构方式和表现形式，随着信息技术的进步，用户需求的变化而不断创新。到目前为止，已产生多种组织方式，根据数字信息资源组织模式的特点，将其划分为微观信息组织模式、中观信息组织模式和宏观信息组织模式等三种类型，其中，数字信息资源组织的微观模式包括文件方式、自由文本方式、超媒体方式和主页、页面方式；数字信息资源组织的中观模式包括搜索引擎方式、主题树方式（目录指南方式）和指示数据库方式；数字信息资源的宏观组织模式有学科信息门户模式和信息重组模式。在网络环境下，用于组织数字信息资源的常用方式主要有文件方式、超媒体方式、搜索引擎方式、主题树方式、数据库方式和学科信息门户方式。

六、数字馆藏组织的方法

实际上，数字信息资源组织的方式是一种模式，它所讨论的是数字信息资源组织的一种标准形式或是在人们组织数字信息资源时可以照着做的标准样式，如以上列举的文件方式、超媒体方式、主题树方式和数据库方式等，就是数字环境下信息资源组织的几种常用的方式；而数字信息资源组织的方法则是研究信息资源组织的途径，研究如何组织信息资源，它是建立信息检索系统的基础。

（一）分类法

分类就是按照事物的性质、特点、用途等作为区分的标准，将符合同一标准的事物聚类，不同的则分开的一种认识事物的方法。分类法是指将类或组按照相互间的关系，组成系统化的结构，并体现为许多类目按照一定的原则和关系组织起来的体系表，作为分类工作的依据和工具。在网络环境下，分类法的优势在于通过建立一个共有的概念性的上下文关系，能够超越不同的信息存储形成一种凝聚力，提供按等级体系的浏览检索方式。目前，运用分类方法组织数字馆藏主要有以下几种形式：

1.文献分类法

在联机系统中，电子分类法的应用不仅便于浏览，而且能实现字顺检索，只要分类法在类名上更加规范、注释更加充分和详细，按主题或事物名称进行跨类的多途径检索功能就很容易实现，成为分类检索的重要补充。

2.参考文献分类法

这种分类法是面向一切网络信息的，它是根据搜索引擎或网站的性质，搜索和收录重点设计分类大纲，将网站上的网页归到相应的类目体系中，类目可以按等级、体系的方式浏览。

3.人工神经网络

人工神经网络是根据人类的生物神经系统结构设计的计算机系统，应用范围很广，在信息组织领域，它可以用于自动分类，在主题及主题词关系可视化显示方面的发展潜力不可估量。

（二）主题法

按照表达主题概念的语言标识的构成原理和特征划分，主题法一般分为标题法、单元词法、叙词法和关键词法。在网络环境下，用于组织数字信息资源的主要方法是关键词法和叙词法。

（三）本体

本体的概念源于哲学，即对世界上客观存在物质的系统描述，一般译作本体论。本体的目标是捕获相关领域的知识，提供对该领域知识的共同理解，确定该领域内共同认可的词汇和术语，从不同层次的形式化模式给出这些词汇和词汇间相互关系的明确定义，通过概念之间的关系描述概念的语义，应用本体可以很好地对信息语义关系进行分析。从某种意义来讲，本体同叙词表一样是一种控制词表，是一种知识组织工具。事实上，本体的应用范围远比叙词表来得广泛，而信息组织与检索只不过是它的一个适宜应用的领域而已。数字图书馆是本体的重要应用领域。本体在其中可以发挥重要作用之处主要包括处理信息组织、检索信息和异构信息系统的互操作。

（四）主题图法

主题图是一种新型的数字化信息组织方法，使用这个方法可以提供最佳的信息资源导航。在信息管理领域，主题图运用十分广泛，如在叙词表的编制和应用方面、网络教学的教育信息资源组织与导航方面、在电子商务、门户网站、科研助理和知识交流共享等方面都有较好的应用价值。随着信息技术的不断发展，主题图方法将在数字化信息资源组织和知识表示方面发挥更大的作用。

七、数字馆藏管理的含义

数字馆藏不同于传统的印刷型馆藏，由于存放载体形式和服务要求的不同，在采集、组织、存储、维护、保护、协调等方面都具有显著的特征：

1.需要专用的、可扩展空间的、相对稳定的信息存储设备存放数字馆藏，例如镜像服务器、磁盘阵列等，同时要求存储设备具有置换功能和保证资源安全的性能。

2.各类型数字馆藏运用的系统平台多种多样，导致格式千差万别，仅就单个数据库进行检索，已经远远不能满足用户的要求，需要按照一定的标准进行数据、功能的整合，实现对资源的内容管理。

3.需要制作思路清晰、结构合理、界面友好的智能检索型网站或数字图书馆平台，将馆藏有效地组织起来，以便提供给读者和用户共享使用。

4.对于数字资源的管理，有很高的技术要求，网络系统的架构、特定存储设备与管理软件的使用方法、数字资源安全的维护等等都对管理员提出了较高的要求。

从以上数字馆藏的特征不难得出以下结论，数字馆藏的管理主要有四层含义：选择什么样的模式存放数据；选择什么样的方式组织信息；选择什么样的策略供读者访问；选择什么样的思路保证馆藏的可持续发展。

八、数字馆藏的长期保存与维护

数字信息资源的长期保存与维护应包括对数字信息资源的安全存储、数字信息资源的元数据管理和永久获取两个方面，即对数字信息资源的长期保存和检索与利用，因为保存的目的是提供使用，数字信息资源的价值体现在资源的共享度和重复使用率这两个重要指标上。

（一）数字馆藏长期保存与维护的必要性

1.数字信息资源是重要的数字资产

随着数字技术的不断发展，信息的生产、存储和传递的方式发生了革命性的变化。数字信息资源已经成为研究（特别是科技研究）和教育活动的主要信息源。越来越多的学术交流活动、智力劳动成果以数字化形式或仅以数字化形式展现，越来越多的有价值的信息内容已经而且只能以数字形式管理、保存及使用。

数字信息资源因为具有传统信息资源难以比拟的优势而逐渐成为信息资源的主体。数字信息资源作为信息资源的重要组成部分，越来越受到各国政府与图书馆界的重视。一个国家的科技创新能力以及与此相关的国际竞争力都依赖于其快速、有效开发与利用数字信息资源的能力。

如何保障这些有益人们的研究和教育活动、丰富人们生活的数字资产的安全，并使之长期存取，是人们需要关注的问题，也是全社会的责任。

2.数字信息资源具有脆弱的特性

（1）数字信息资源比物理信息资源更脆弱

在许多情况下，数字资源比物理资源更脆弱。这些文档本身更容易被毁坏，或者它们存储的载体很容易被淘汰。

（2）原生数字信息资源面临着更大的消失和不可获得的风险

根据数字信息资源产生的形态可以将信息分为数字再造资源和原生数字资源。数字再造资源是对以前存在的物件进行数字化再造而形成的"数字拷贝"，不声称与原作一模一样，只是原物的一种表现形式，往往能利用数字化的特长将原物更好地展现和利用。"原生数字资源"没有其他存储形式，一旦被破坏，就将永远丢失，因为通常没有单独制造出来的数字格式资料的模拟（物理）材料版本，这些作为历史资源的所谓"原生数字资源"面临着更大的消失和不可获得的风险，或阻止未来研究人员利用它们原始的形式研究它们的风险。

（3）数字信息资源的长期可获得性面临许多威胁

数字资源长期可获得性的威胁来自技术、法律、金融、组织等因素，数字信息的长期可获得性不仅是图书馆的问题、技术问题、经费和某个机构的问题，而且是研究机构、教育机构、文化机构的问题。它是从事知识创造、加工、管理的一个专业化问题，是为了确保我们的信息可以被下一代获得。它同时是一个发展的问题，可以保障人们创造的知识被用来促进发展。

3.有利于将珍贵的数字信息资源提供使用

保存的目的是提供使用。一方面将散落的、特色的文献聚集起来进行数字化转化，有利于更好地保存和提供利用；另一方面将珍贵的、特色的原生数字资源加以保存、保护，有利于长期存取和利用。

4.数字信息保存已引起国际关注

为应对数字资源长期保存带来的挑战，一些发达国家的图书馆和相关联盟正在大力开展研究和试验。我国相关部门、图书馆界等都已经意识到科技文献和科技信息的长期保存存在的危机，并已经在科技部门的支持下开始建立数字化资源长期保存于网络的尝试，组织国内主要科技信息机构协商联合建立数字资源的长期保存机制，联合试验和开发数字资源的长期保存系统。

（二）数字馆藏长期保存与维护的特性

1.数字信息对存储介质的依赖性

由于数字信息从形式、传输到存储都是通过计算机实现的，因此，数字信息需要依托于一定的存储介质而存在，它对数字信息能够起到的主要作用有：保存数字信息；利用备份保存数字信息；以自身为媒介便于数字信息的使用等。离开存储介质及计算机的软硬件平台，数字信息既看不见也摸不着，这就决定了数字信息对存储介质的依赖性。这一特性为数字信息的长期保存带来许多问题，如存储介质发生故障、系统瘫痪，数字信息就读不出来；数字信息对其他设备环境的不兼容性，使其只能在某种设备上处理，而不能在其他设备上处理；不同软件环境形成的电子文件存储在载体上，有时难以互换；技术设备更新时，如不及时解决格式转换问题，数据便无法读取等。数字信息对存储介质的依赖性还带来了一系列的存取方面的问题，如双重性问题、隐蔽性问题和完整性问题等。

2.数字信息的动态性

数字信息不像贮存于传统的印刷型文献或缩微文献的信息那样固定不变。它处于一个动态的状态中，数据随时更迭。它既可以完美地被复制，也可以不留痕迹地被篡改或删除，特别是在互联网环境中，这种被篡改或删除的风险更是难以防范。

3.数字信息的脆弱性

如前所述，数字信息比物理信息更为脆弱。数据是数字信息的代码，是数字信息存在的前提，没有了数据，数字信息是无法再现的，然而数据是脆弱的。数据被破坏或是数据损失被称为数据丢失，是指用户无法接触到数据，如突然不能打开文件、文件被破坏或数据不能读出或使用等。在丢失的数据中，有一类是用户无法接触或找到数据，但数据尚存；另一类是数字永久性损坏。前一类的数据损坏通过专业的数据修复技术，有可能重新找回这类数据；后一类数据的丢失是无法修复的，这样的后果是严重的。

（1）数据在线风险。计算机与网络是使得数字信息具有魅力的重要工具，但许多数据就丢失在存储与传送过程中。硬件故障、系统故障、人为因素和灾祸等原因都有可能导致数据丢失或被破坏。

（2）离线数据丢失。离线数据丢失的主要原因是密码丢失和存储介质失效或损坏。

4.数字信息的不安全性

随着全球网络化的不断发展，数字信息面临的网络安全问题日益突出，可以说网络的不安全性已成为限制其发展的最大障碍，这就要求人们在制订保存策略时不仅要从工程技术方面来解决问题，而且要从政府和社会行为上采取有力措施。

5.数字信息对元数据的依赖性

如前所述，元数据可以用来揭示各类型数字信息的内容和其他特性，进而达到对数字对象的组织、分类、索引等目的。它所包含的数据元素集用来描述一个信息对象的内容和位置，以便能在数字资源集合中方便地查找和检索。数字信息的元数据是必须附在数据信息中的，否则将无法恢复数字信息的原貌。数字信息的运作往往是在网络上进行，操作者互不见面，体现行政背景的元数据就不那么完整、详细，如果不特意提供或补充这些元数据，就可能给数字信息的保管和长期保存带来问题。

6.数字信息对标准化的依赖性

在数字信息的形成与管理中使用标准，有助于数字信息在存取与保存时的完整性。标准要求不同的支持者提供兼容产品，保证了数据的易传性与共享性。只有支持共同的标准才能保证数据、应用程序与应用系统具有最长的技术寿命。标准有利于数字信息的科学管理，同时，遵守与使用标准还便于数字信息随技术的发展在新、旧数字平台间转换，这将直接降低保存数字信息的费用。有利于文献保存的标准涉及方方面面，除了文件格式标准外，对数字信息的管理也有相应标准。在储存与存取数字信息等方面，也存在着标准，采用这些标准，有利于图书馆间数据交换，促进图书馆系统的互操作并支持我国与国际图书馆网络的互操作等。

（三）数字馆藏长期保存与维护的策略

1.积极应对数字信息保存的法律挑战

图书馆在保存数字信息资源时要进行必要的格式转换、复制拷贝和提供信息检索等工作。这就涉及大量的知识产权保护问题。因此，知识产权保护问题已成为数字信息长期保存工作的一个重大障碍，亟须得到很好的解决。

2.确定数字信息资源保存的主体

对于印本资源的长期保存，各国都有完善的缴存本制度，有法律支持的规范的责任体系。但对于数字资源，特别是数字图书馆应用的数字资源及网络资源的保存，目前各国还普遍缺乏法律上的规定。

3.选择需要保存的数字信息资源

从经济角度看，没有必要也没有可能对所有机构库或每一个文献都转换成长期保存的数字档案而进行保存。因此，对数字信息资源的保存要有选择性：优先保存有消失危险的数字信息资源；选择有重要价值的资源进行保存。此外，还要确定保存的数字信息资源的类型。

4.选择数字信息保存的技术措施

目前实现数字信息长期保存的技术措施主要有：仿真、迁移、数字图形输入板、再生性保护技术。此外，还有其他数据保存技术，如硬件博物馆、数据再造、更新技术等。

5.在数字信息资源生产过程中注意数据的备份

数字信息资源在保存过程中会存在巨大风险，规避风险的最好办法就是做备份。数据备份有两种方法：数据库备份和文件备份。一款优秀的备份软件，不管是针对数据库还是针对文件，应该可以做到实时备份、安全备份和容灾备份。这应该是一个自动备份和智能备份的热备过程。只有这样才是真正做了备份。

6.关注数字信息保存中的经济问题

尽管在数字资源的可持续性存取方面已经克服了诸多的技术问题，取得了很大的成就，但是经济上面临的挑战依然存在。数字信息资源数量巨大，虽然无须全部保存，但即使有选择地进行保存，其保存的累计成本也是较高的，这些费用包括保存数字信息资源所需费用、使用信息资源所需费用以及数字信息资源保存相关人员的费用，因此，要对数字信息源长期保存的费用有合理的估计与长远的规划，制订一个能支持数字信息资源保存活动长期进行的费用框架与相应的经费管理措施，需要有一个中心机构协调。

7.数字信息资源的保存需要加强多方合作

数字信息资源的保存需要加强多方合作，包括：（1）图书馆之间的合作；（2）图书馆与档案馆之间的合作；（3）图书馆与出版社的合作；（4）各类型信息收藏机构间更广泛的合作。

九、数字馆藏的安全管理

（一）数字馆藏安全管理面临的问题

随着数字馆藏资源日益丰富，开放程度不断提高和资源共享进一步加强，随之而来的信息安全管理问题也日益突出。数字馆藏安全管理的核心是数字馆藏长期可靠的存取问题。数字馆藏作为人类文明和文化遗产的重要部分，其长期可靠存取是保护人类文明与实现知识传递的重要基础与保障。然而，数字馆藏区别于传统馆藏的特性，要求长期可靠存取的基本条件包括：

数字馆藏存取系统应具有完备的处理各种文本、数据、图表、音像和多媒体的能力；数字馆藏载体应具有稳定可靠的存储寿命；拥有可靠的能覆盖所有数字馆藏格式的格式转换及迁移技术；具备较强的抗灾害能力。数字馆藏的存储载体、格式、软硬件中的任何一项出现问题，都将对数字馆藏的存取产生重大影响。目前，数字馆藏的长期可靠存取还面临着诸多问题：

1.载体寿命问题

数字馆藏的长期可靠存取必须以各种类型的物理载体为对象。目前常用的载体包括软盘、磁带、光盘等。其使用寿命各不相同。传统的资源载体可以通过观察其物理表象特征判断其保存与使用状态。而软盘、磁带、光盘等载体，则需借助相应的设备才能检查其储存与使用情况。与传统载体相比，数字资源载体体积小、容量大，但载体容易变质、损坏，易遭受毁灭性损失，且对存储环境的要求越来越高。在大容量高密度存储媒体不断推出的情况下，存储媒体的不稳定性在增大，有效寿命在下降。因此，载体问题是数字馆藏的长期保存需要直接面对的问题之一。

2.技术更新问题

相比载体寿命问题，更为迫切的问题是数字馆藏的读出检索技术过时。数字资源对系统软硬件平台的依赖性，使得数字资源的读出、还原技术过时，成为困扰数字图书馆发展又一障碍。计算机存储技术与软件技术的不断出现与周期性的更新，使得数字资源存取的软硬件随之更新，必然导致原有数字资源存储与利用技术的淘汰。在技术与市场的推动下，记录与存储数字馆藏的设备与软件每3至4年就完成一个更新周期。如何使面临技术更新的数字资源安全过渡到新的软硬件平台，是数字馆藏在发展中面临的又一难题。

3.数据格式问题

数字馆藏因制作商保护版权的需要或制作时技术与条件的限制，使得目前的数字馆藏以大量的不同格式的形式存在，格式种类多达数十种以上，造成格式之间转换的极大不便。为此，人们呼吁采用统一的标准格式，如文本描述方法、超文本组织语言、扫描图像格式、动画扫描格式等，但这些格式本身就面临被更新的格式所淘汰的境地，以至于无法实施。

4.安全防护问题

数字馆藏的服务主要集中在网络上。网络安全问题与网络本身固有的特性有关，所以网络环境的复杂性决定了网络安全的复杂性。因此，与传统馆藏相比，数字馆藏显得较为脆弱，极易受到外力的干扰和破坏。数字馆藏在受到计算机病毒、黑客入侵、磁场、电磁脉冲等的打击时，其对数字馆藏的破坏程度，类似于传统图书馆遭遇一场火灾或地震。

（二）数字馆藏安全管理的策略

数字馆藏的安全管理策略就是图书馆在一定时期内为保障馆藏数字资源的安全所制定的安全管理措施。由于数字馆藏安全涉及数字资源的内容、数字资源存储管理.与服务系统和存储设备等方面的因素，因此，在制定安全策略时，要在综合考虑管理、技术、设备和免疫等因素的基础上，确定数字馆藏的安全管理策略。

1.从思想上认识安全管理的重要性

图书馆必须充分认识到数字馆藏安全管理的重要性，在进行数字信息资源建设之初，就要制定数字馆藏安全管理制度，并对有关馆员进行培训。明确专职专人负责，定期检查维护是确保数字馆藏安全的重要保证。

2.加强数字馆藏管理信息系统的运行管理

建立健全监控管理、事件管理、配置管理和变更管理等管理制度，解决信息技术管理中的信息不对称现象，逐步推行信息安全风险管理制度，完善信息系统风险识别、评估、分析和规避办法，制订信息安全风险应急管理计划。

3.健全技术防范、预警和保障体系

认真研究有关信息安全的理论、标准和规范，充分研究并掌握包括入侵检测技术、防火墙技术、防病毒技术、加密技术、认证技术、电源保护技术、电磁信息防漏技术、存储备份技术、鉴别技术、安全软件工程、灾难备份及灾后恢复等各项技术防范、预警和保障措施，确保各系统安全运行。同时，要根据基础设施、硬件系统、网络系统、操作系统、数据库系统和应用系统的分布和层次结构，安排不同特性的安全策略和措施，使这些策略和措施相互配合和补充，形成数字馆藏管理的整体安全防护体系。

4.免疫与灾难处理

免疫是预防措施，一般图书馆会考虑对病毒的防护和黑客的入侵，但对灾难处理常常缺乏考虑。一旦灾难出现，就会束手无策。尽管灾难处理是应急措施，但对保护数字资源来说是至关重要的，在制定安全措施时应高度重视。

（三）数字馆藏安全管理的宏观解决思路

1.制订数字馆藏长期存取统一标准

数字馆藏长期可靠存取的主要障碍之一是数字资源的生产者、提供者和维护者各自为政，各自根据自己的需要，随意采用各种系统与技术，结果导致数字资源的长期存取面临多种困难。许多国家已经意识到标准的缺乏是数字资源长期存取诸多问题产生的根源之一，针对数字馆藏长期存取标准问题的研究已在近年成为国际热点。尽快制订数字馆藏长期可靠存取的通用技术标准与组织管理协议，以尽量减少数字馆藏在新旧平台间转换的难度，降低数字馆藏长期存取的组织管理难度，已成为数字馆藏管理刻不容缓的任务。

2.建立集中式和分布式相结合的数字馆藏长期保存的机制

建立数字资源制作者样本呈缴国家集中保存制度，是实现数字资源长期存取的关键。为此，国家应以法律形式确定数字资源制作出版机构免费呈缴数字资源产品样本的义务和责任，确保数字资源在国家控制下的长期保存，这是保证国家文化遗产长期存取的必要措施，也是监督、检查出版者数字作品制作技术的标准性和长期存取技术的规范性的需要。当然，国家数字资源保存基地应对呈缴样本的复制与流通采取严格的控制措施，确保版权人的合法权益。

但是，完全由国家集中于某个基地，如国家图书馆或版本图书馆承担数字馆藏的长期存取任务，可能使其承受太大工作压力与经济负担，也使其他图书馆丧失保证数字馆藏长期存取的责任意识，因此，有学者认为，应该建立以国家基地为中心，各数字图书馆或数字图书馆联盟为分支的二级数字馆藏的长期保存机制，在全社会范围内分担数字馆藏长期存取工作的责任与义务。这一措施既可以大大减轻国家的负担，分担数字馆藏长期存取的风险，也可以通过分工与合作，便于进一步研究数字馆藏长期存取的技术方法，促进数字馆藏长期存取技术的发展。

3.确立制作者最终责任机制

数字资源的制作者与发行人，受其自身利益的驱使和技术程度的局限，以及对维护自身数字产品资源存取与资源共享的利益关系的认识与看待角度的不同，很难将自身在维护数字资源长期存取中所应承担的责任与义务放在首要位置。他们在数字产品形成的开始就决定着文件用什么格式产生、以什么媒体存储、是否执行标准等，从而限定了其数字作品的性质与长期存取方式，其他人的任何改变都将或多或少影响其作品的原始形态，因此，数字作品的创建者应对数字作品的长期存取负最终责任。

第七章　大数据在高校图书馆应用

第一节　大数据对图书馆的影响

随着现在对信息资源的利用需要和信息技术的发展状况，理解什么是"大数据"所必须掌握的内容之一就是怎样直面当前图书馆各个方面的工作被大数据带来的冲击及挑战。

一、数据量的增长对存储能力及计算能力带来的挑战

在高速发展的数字信息环境中，数据量的急剧增长是由数据成本下降造成的，数据类型的增多是因为出现了新的数据源和数据采集技术，因为各种非结构化的数据的产生，大数据的复杂性增加了，但同时也从大数据应用中发现了具有极强挑战性的科学问题及社会问题。而这对于以大数据为基准的科学研究是有利的，也推动了图书馆形成新类型的知识服务样式，而现有的数据中心技术难以满足大数据的应用及知识服务的需求，所以亟须进行革命性完善的是整个知识服务架构。首先，储存能力的增长远远落后于数据量的增长，信息资源管理及知识服务体系的关键是设计出最合理的分层、分级存储架构；其次，由于移动互联网技术的日臻完善，数据移动相比于过去更加频繁，而数据的移动是信息资源管理最耗费资金的地方，这就迫使知识管理进行改变，将传统的数据转变为计算能力围绕着数据转，而不是围绕着计算能力转；最后，还需要解决一些其他技术性的问题，比如计算机通量高、可靠性高、可扩展性广、可用性强的规模、统计、语义及预测性等分析数据的技术、表示新数据的方法等。

二、传统常规分析向广度、深度分析转变带来的挑战

图书馆知识服务体系创新与完善需要支撑点，数据分析就是其中之一。为了应对图书馆未来面对的生存危机，在行动上做出主动准备。图书馆除了需要通过数据来了解现在的知识服务过程之外，更要对将要发生的事进行预测和分析，这就需要利用数据科研创新合作过程以及合作交互型知识服务过程。分析操作包含很多方面，如时间序列分析、数据关联关系分析、社会网络分析、大规模图分析及移动平均线分析等广度及深度分析等，除此之外，还包含常规分析，以上这些都是值得补充的。

三、基础设施挑战

存储及计算规模不得不随之增大，是因为数据量及非结构化数据的迅速增加，导致其成本急速增加。考虑到成本问题，对支持非结构化的数据储存及分析的基础设施提出更高的要求，应用由高端服务器转向了由中低端硬件构成的大规模计算机集群，以服务日渐增多的知识服务机构。第一，为大规模分布式数据的密集型应用而设计的基础设施中需要分布存储、计算需求；第二，存储与计算能力是十分经济高效的，并且需要具备足够的能力，包括可以获取、存储和分析那些较高级别的数据，并且还需要拥有智能分析能力，用来减少数据足迹（例如自动数据分层、大数据压缩及重复数据删除等）；第三，它还需要拥有另一个网络基础设施，能够快速将分块的大数据集群信息复制到集群服务器节点上进行处理；第四，还需要具有可信应用体系的软硬件基础设施保护高度分布式基础设施和数据；第五，图书馆大数据研究及处理最值得期待的挑战之一是技能熟练的作为人力及智力基础设施的图书馆馆员。

第二节　大数据时代高校图书馆的价值与定位

一、高校图书馆大数据

（一）高校图书馆所拥有的大数据

高校图书馆的大数据来源同样呈现出多样化的特征，除了包括传统的电子书籍、期刊、数据库论文等结构化数据资源之外，还包括以下海量的非结构化的信息资源：

1.智能设备数据

那些装有射频识别技术图书的信息，可以自动实现资源的追踪和解析。就好像射频识别数据信息，它可以帮助人们根据读者到图书馆读书的时间做出相应的人员配备，为读者提供更好的服务，保留有大量读者进出馆信息的系统。

2.物联网数据

对所处的环境和资源进行数据采集可以通过在图书馆不同位置或环境中放置传感器，通过长久的累积，可以产生非常多的数据，对人们分析图书馆的使用状况，优化配置资源都有极大的帮助。

3.互联网数据

这部分数据的产生速度超过以往任何一个传播媒介，这是因为社交网站的普及，图书馆服务的一大评价指标来源是参与的众多用户及其数据中所包含的丰富的情感特征。另外，同样包含着读者丰富的信息的是类似于联机公共检索目录读者的搜索记录、数据库中读者的访问记录等用户行为信息。这些都是图书馆大数据的重要组成部分。

4.科学研究共享数据

作为科学研究服务中心的高校图书馆，需要构建出数字形式的共享研究数据，其中包括在研究过程中所产生的能被存储在计算机中的任意数据，还包括一些非数字形式的数据，其能够被转换成数字形式，比如调研成果、图片、实验中产生的数据、传感器读取的数据、遥感勘测出数据信息、来自测试模型的仿真数据等科研数据。图书馆需要着重收集的一个大数据来源，就是科研共享数据。

5.移动互联网数据

普及高校移动图书馆，可以让图书馆运用移动互联网技术，获取大量的读者访问数据，进而从这些数据中解析出读者的读书习惯和阅读倾向等，这有助于人们对其展开有效的分析，预判读者所需要的知识服务。

（二）高校图书馆拥有大数据特征

在图书信息资源不断发展的今天，读者对于图书馆知识服务的要求也在不断提高，这就决定了图书馆在大数据时代应具有大数据所拥有的特征。

首先，图书馆所含有的数据资源其编码和格式上在内部都无法达成统一。因为图书馆既有一部分基础的文献资料、网络数据资料、光盘数据资源等，也有一部分读者的信息和图书馆提供服务的信息，另外包括图书馆自身发展的数据信息，从而形成了大量的异构数据。

其次，图书馆必须依据用户的服务信息等数据做出相应的服务策略转变。全国图书馆数字资源总量是一个庞大的数据集，图书馆的数据资源每天都在增长，无法避免地要对大量数据及其与潜在价值进行挖掘。

最后，图书馆的一些类似24小时服务、其他网络服务等的新兴服务方式的出现，增加了用户的数据信息，需要一些限定的环境和条件才能对这些数据进行挖掘和整理。虽然数据库的记载与统计技术已经达到了新的水平，图书馆也已经进入了一个发展比较迅速的阶段，但是这些数据还需要进行异构化的处理。

二、大数据为高校图书馆带来的价值

高校图书馆想要挖掘大数据的价值，可以通过对人工智能、数理统计、信息技术、计算机科学等多个交叉学科的大数据技术的应用，找到隐藏在大数据背后的世界。到现在为止，高校图书馆对于大数据的价值的利用主要包括以下几点：

（一）为资源采购提供决策支持

利用像图书浏览、借还记录、数据库访问、下载记录等读者使用的资源交互数据，较为准确地评估读者使用各种资源的情况；通过读者的浏览访问历史，预测他们关注的热点问题，对大量需要的未购买资源多加订购，而那些不常使用的资源可以减少甚至是取消订购，以此来为资源采购部门提供决策支持，从而用有限的预算购买更加适合读者需要的资源。

（二）为读者提供适合个体的服务

通过分析用户使用图书馆资源留下的所有信息，即读者的查询历史、借阅历史、数据库浏览历史、搜索记录、下载记录等为读者提供适合个体的服务。利用这些数据分析主动向其推送适合读者的资源，向读者提供个性化的服务，实现图书馆由被动获取资源向主动服务读者的转变。为了对其服务需求进行修改指正，提高个性化服务的可靠性和精准性，图书馆要不断主动地向用户进行探测性的推荐服务，持续性地取得用户的反馈信息。与此同时，图书馆可以结合读者所在的专业以及教务部门为图书馆提供的个人选修课信息、成绩信息等，分析出读者的服务需求、感兴趣的内容、学科学习需求等。

（三）为学科提供学习方向及热点变化

图书馆要为科学研究人员提高学习、科研研究和创新的效率提供便利，特别是那些最新进入研究领域的学者、硕士生、博士生等面临选题困难的科研人员，让他们能够通过图书馆的资源及时掌握其所在学科领域的研究进程，以此确认自己的研究方向，节约文献查阅的时间。面对这些问题，图书馆可以利用大数据技术，对学科进行聚类分析、网络分析、热点预测、引文分析、可视化分析、知识关联分析等，从而构建学科的知识构架，并在更大的方面分析相关学科领域的研究热点和研究方向。

（四）向科研人员提供学术共享平台

高校所拥有的宝贵的数据财富，是高校科研人员在长期科研活动中，通过观测、探测、实验、调查等科学手段累积出来的科学数据。图书馆有义务为相同学科或研究方向的科研人员构造出一个虚拟的交流平台，形成学术交流圈，使其共享科研成果，构建一个良好的学术共享环境，采集相关数据，利用科研人员相同或类似的资源需求为相同学科研究方向的科研人员构建虚拟社区，形成学校交流圈，共享科研数据。

三、大数据时代下高校图书馆的定位

大数据的应用，将为图书馆提供新的大规模数据资源解析、数据的处理，展开个性化服务、整合资源，对服务能力的提升和对服务水平的提供等方面的方案和思路。我国图情界的学者已经从不同的角度进行了研究，包括大数据与图书馆的相关问题，比如机遇、影响等。这些研究对于大数据在图书馆中的应用的推动、对图书馆服务质量的提升有着较可观的现实意义和理论价值，同时人们还要关注大数据视角下的图书馆定位及新动向。

（一）图书馆的业务与服务重点应向上游转移

从资源运用的流程来看，不管是传统图书馆还是数字图书馆，其业务与服务重点都是在后一部分，也就是资源的整合、利用与存储。在大数据时代下，图书馆对用户的服务并不仅仅要依靠结构化数据，如书目资料库、机构知识中心、语义化信息等，还可能需要依靠一些非结构化的数据和半结构化数据，如用户查询信息的行为、阅读习惯等，通过对数据的发现和解析为读者用户提供具有针对性的个性化服务。因此，图书馆的主要业务成了数据的存储、分析、收集、处理，也就是利用大数据某些重要的技术将数量庞大的复杂数据进行整合，再通过对数据的发现、可视化解析等，构成拥有参考决策价值和情报价值的服务信息提供给用户，为用户提供便利，通过图书馆取得精确的、有时效性的、有效果的信息资源，使业务与服务向上游转移。

（二）图书馆应该是公共数据存储、处理、分析与服务的核心

作为现代社会公众共同文化服务的一个重要的组成部分，图书馆特别是公共图书馆，在社会人员的教育、休闲娱乐、文献资料的传递等方面起着至关重要的作用。近年来，我国图书馆界的主要建设目标是加强对于信息技

术方面的应用，拓展图书馆的服务面。但随着全社会进入到了一个新的阶段——大数据时代，一个以紧密型数据的相关分析、解决推动社会的创新发展的时代。图书馆的服务也扩展到了大数据处理以及分析方面。图书馆是集公共数据整合机构、社会公共数据储存机构、服务于公共数据机构、处理公共数据机构于一身的平台，能够担负起时代给予图书馆更加重要的、更加突出的社会存在感的命运。

（三）图书馆应该作为完整的网络体系

图书馆在用户服务中的应用是大数据时代赋予图书馆的价值所在，目前讨论最多的是数据分析、数据处理和数据服务。需要足够的、大量的数据来支持，才能使这些技术实现，这些数据既包括读者在图书馆中阅览的行为信息资料，又包含读者在社会场所的行为资料数据；既包括读者在图书馆中与他人交流的数据信息、借书阅览的行为数据，又包括其在别的信息平台中诸如此类的信息数据。因此，图书馆应该借助一些外力，如社会服务中心、商业中心、娱乐中心和工作空间等机构。要想真正实现数据的共享，尽最大努力满足读者的需求，就需要在不同图书馆间形成一个能够协调工作的有机网络体系。

第三节　大数据时代图书馆信息创新服务

一、高校图书馆大数据整合系统平台

（一）高校图书馆大数据整合需求

1.图书馆信息技术基础设施架构优化和系统安全性的运行需求

首先，对于图书馆信息技术基本构架设备的优化，最重要的应该是考察一些信息技术基础设备的组织架构。判断其是否可以对大数据资料和系统硬件设备进行有机整理合成，数据整理中心的信息技术基础设备资源能否使拓

展、监管和维持保护变得更加简便，数据中心的监管、运行和维持保护所需要的成本是否足够低，并且在异构环境中是不是具有比较可靠的安全性和可控制性。其次，当因为数据中心系统的整合导致信息技术架构复杂程度增加和设备的数量被减少的时候，对数据的储存和对用户的服务和将被运行在数量较少的单个设备上，数据中心的单点故障率是否降低和数据存储安全性是否提高。再次，信息技术基础设备架构合成的中心技术是虚拟化的。不能因为数据中心对虚拟化技术运用程度的增加，就大幅度地增加系统的安全隐患和降低自身的抗风险能力。最后，为了让图书馆服务于用户的性能以及增强系统的可靠性，多个子数据中心一般都会被图书馆在不同的地方构造，以此提升其用户服务的效率和可靠性。那些关系到图书馆系统运行安全和信息技术基础设备构架优化的一个重要的问题是对位于不同领域的子数据中心数据进行有效的分析、挖掘和整合。

2.数据中心异构系统与应用服务整合的需求

首先，关系系统安全、管理效率和用户服务质量的关键应用目前主要被图书馆数据中心分布在大型计算机主机上，而一些不太重要的应用则被分布在UNIX或X86等这些平台上。这就使一些现象被着重地表现了出来，比如信息技术基本设备应用的多元化、构架结构的多平台化、数据离散、系统不同结构和被孤立的信息等。其次，不同的应用提供的服务、运作系统和虚拟化平台也有不同的安全需要与安全准则，很难统一化和预先合成，将大数据流的获得、召集、管制、解析、决策平台的软件与硬件系统。再次，如何在保证不同系统平台效率的前提下，以用户需求和图书馆服务能力建设为指导，提高大数据平台综合效率与大数据服务有效性的关键，是实现无缝整合数据中心原有系统和在大数据层面上的新开发的系统。最后，运作系统异构、系统运行的环境异构、数据库监管系统的异构、网络协定异构、用户环境异构、认证环节异构、远程实施方案的异构、数据本身的异构等，这几个方面都属于图书馆的系统异构，数据整合的难易程度和复杂程度正是因为这些异构的存在而大幅度增加。

3.增强大数据价值密度和可控性的需求

图书馆的数据之所以呈现出多种样式、大量增长、非结构化和时效性等特点，是因为多媒体个性化服务、移动阅读和智能阅读终端的推广和普及。

首先，在大数据时代，应用大数据技术，图书馆已经转变成以大数据资源保障为主要内容的个性化"绿色"服务。因此，图书馆的服务创新能力和市场竞争力被大数据资源的价值密度与可控性所影响。其次，因为读者的阅读需要和图书馆服务过程的复杂度增加，图书馆将面临非常多的挑战，比如业务繁多杂乱、计算的需求增大、数据存储的成本猛烈增长、需要巨大的成本控制能耗以及要保证服务质量等，而服务的安全、高效率、绿色清洁和可控制性的保证则是大数据整合的有效性。最后，大数据的分析、评估和预测价值无法被无规律、单一的碎片信息数据显示出来，因为在大数据环境下，数据通常以碎片信息数据流的形式存在。因此，图书馆对数据碎片进行系统性的细分、搭配、重组与整合，就必须以用户服务需求为中心，这样才能提升数据的可控性、可利用性和价值密度，最终实现大数据向大服务的转变。

4.图书馆需要的智慧管理与智慧服务

图书馆要实现服务系统的智慧服务与智慧管理，可以利用大数据技术构造出一个智慧型图书馆。

首先，图书馆想要正确把握基础设施结构合理性、系统的服务能力与管理能力、服务于市场的竞争环境和读者个性化阅读需求等这些实际问题，就必须通过对历史信息与现在数据价值的发现、数据的整合与测量，形成对图书馆系统构建的重要因素之间的联系、服务内容与服务形式、服务市场、服务对象的现状，进行准确的数据挖掘和感知。其次，图书馆只有整理合成与联系解析所采集的全部的数据、流式数据和离线数据，以及调节控制和判断用户的需求形式与服务效率，才能完成改革未来服务形式与内容、服务环境市场的特点、对于个性化的阅读和用户要求的判断标准进行准确的判断。再次，智慧服务的保证是图书馆智慧管理的最终目标。因此，图书馆对于大数据资源的整理，想要提升大数据服务的支撑力和大数据资源的价值密度，就要一直秉持以加强服务系统统一保护能力和服务资料综合使用率为目的的思想。最后，大数据平台处理海量动态、快速变化数据的效率与能力，取决于有效的数据整合和科学的数据结构，同时后者也关系着高速数据在短时间内的即时服务质量和价值有效性。因此，图书馆想要保证信息的发现和解决系统、数据的运算和储存系统、业务决策系统和对用户服务系统的服务高效率、安全、质优和实效性，就应该通过大数据平台对实时采集的数据流进行快速整合。

5.大数据资源描述语法和主数据库格式统一的需求

对一个图书馆而言，收集大型数据源主要由用户服务数据，管理员和管理控制数据，用户行为数据，用户阅读器活动、日志和社交链接等构成。但这些主数据库标准和描述语法不统一，而且存在强烈的冲突和不全面性数据。第一，数据源结构复杂，缺乏规律性，数据不能有效语义互联。第二，数据集成过程的科学性和结构合理性以及实验数据格式的互操作性和可控性是集成大数据的主因。第三，图书馆倾向于使用虚拟化方法进行数据集成，以普及大数据源集成的效率并降低集成成本。而如何摆脱实际存储方法、存储路径的限制，普及虚拟可用性和准确率，还有待研发。

（二）大学图书馆大数据整合机制

图书馆大数据集成平台采用分层多维度架构，确保系统平台具有完整性、精确性。同时，监控调整、修改和完善数据中的添加部分，修改和删除突发事件，确保不会降低大数据集成平台的整体机制运行、可用性和控制监督。

图书馆大数据资源平台的系统中收集的大量庞杂资源存储在一个临时数据库中，数据通过预定义规则进行清理和筛查，并在数据集成后导入主数据库中。这个系统架构由数据库操作管理层、数据分布层、集成层、系统贮存结构层组成。数据库操作管理层是图书管理员通过监控开发完成大数据库的构建、管理平台应用程序的用户原始界面。数据分布层基于收集数据错误检查和可用性，依据定义的数据清洗与过滤规则，对数据进行质量分析，通过对数据的过滤和清理，集成优秀的数据资源、高价值的数据，确保数据的集成密度和可操作性。数据集成层是数据预筛查和过滤后的一个临时数据库，是为了通过挖掘数据源，分析数据切换解析和下载软件，数据写入主数据库，一个大的图书馆数据资源库的整合得以最终完成。大数据存储层主要由各个大数据资源、改动数据库、分析数据库以及使用不同终端收集的数据组成。数据同步机制确保应用程序和数据在主数据库中的数据一致性，为图书馆大数据库应用提供安全、高利益、易操作和耐用的数据支持。

（三）大学图书馆数据集成布局

1.完善数据中心信息技术基础设施架构

图书馆必须加强数据库信息技术基础设施的有效整合和改良，以达成图书馆系统的差异化结构和大数据资源方式的一致，使资源得到迅速、高效的整合。

首先，图书馆数据中心信息技术基础架构整合改良，要以产品集成、信息集成和业务集成为目标，不仅与风险控制和成本降低、节能需求和质量保证相对照，而且要以计算、存储及网络和数据备份设备的虚拟化集成为核心，因此，信息技术基础设施的有效整合必须基于计算的虚拟化资源库整合使用，减少信息技术基础设备的垃圾量，普及利用率。

其次，有效整合和优化信息技术基础设施，确保图书馆可以在规则一致通透的环境中，有效保质保量检索完整数据，一定坚持统一的数据环境和统一的数据体系结构的原则。

再次，图书馆虚拟化数据中心集成图书馆终端服务器、硬件存储设备时，要秉承稳定、快捷、可持续、环保的理念，坚持对数据的收集、分析、利用的每个环节，对用户负责。

最后，图书馆在数据中心信息技术基础设施库的优化，可根据未来数据的环境特点和整合需求进行灵活的扩展和伸缩，保证信息技术基础设施架构有一定的调整空间，能对未来市场变化做出相应调整，并让该架构有更广阔的服务渠道与智能化的运行模式。

2.大数据资源整合平台应具有多种用途和便捷化管理

图书馆在制订和实施大数据资源整合平台的过程中，第一，要保证大数据资源整合平台应具有多种用途和便捷化管理，使系统更加便捷并降低成本，用户能够通过平台采用的系统在第三方下载程序并在本终端使用，还可以自己研发程序供给他人使用；还要使平台系统功能模块软件具备灵活性和可扩展性，以应对日益高涨的数据组合变动，提升整体性能。第二，采用创新的分布式架构执行工作计划排程，管理复杂的数据整合工作流程。第三，通常，大数据的整合平台应具备对重要数据和实时数据优先的判定功能，根据数据的时效功能确定分级顺序进行整合。图书馆庞大的数据按照用户服务的时效功能分级，主要整合不同类型的数据：一类是由系统运行和用户交互与反馈而产生的大量基础型数据，这类数据往往不具有时效功能；另一类是由学习者在服务层面的差异化需求产生的实时信息、当下的定制需求以及为保障学习者信息安全的监控数据。第四，在整个平台构建过程中，要秉承"去芜存菁"的方法，通过关系数据库系统在构建过程中日趋成熟的快捷性，优化平台在非结构数据和流数据的重组，在保持数据重组稳定的情况下减少平台构建过程中的资金投入。第五，智能化的资源整合平台要求有高效的数据互通手段，在平台的输入端及时对信息分类后，将初步处理的数据精确地匹配到相关的处理模块，之后将加工过的数据传输至主数据库进行分析和利用。

3.利用云计算技术确保数据整合的高效和经济

新型服务理念和用户需求必然伴随着数据的激增，单纯地通过购买大型硬件设备、提高数据库的兼容性和加工速度、改良检索和匹配的方式、降低学习者服务标准等措施，早已无法满足大数据信息的增长势头，因此，图书馆应通过引入云计算技术为大数据整合找到新的出路。

数据的安全等级可根据其重要性和图书馆学习者的反馈情况分级。其中系统运行数据、阅读信息、学习者需求信息、运营模式评估数据、客户反馈数据安全级别较低，而安全监管数据、用户资料及身份信息、用户检索痕迹和隐私数据、针对用户行为的智能评估则更为重要，而大数据资源往往总增长量大，又要求功能高效、快速传播、便于检索，因此，云计算技术只有被应用于图书馆数据库中，数据整合的快捷与效益才有保障。

第一，图书馆受限于自己的资金、人才储备、技术能力，大多通过私有云和租赁云的方式储存和使用它们的数据，进而减少对信息技术硬件设备、软件创新、数据管理的依赖，有效地节约资金。第二，将私有云用来存储那些更为重要的高密级数据，当图书馆因资金与技术等客观因素不得不将重要数据存储在公有云中时，要和第三方云服务机构协商以明确数据安全的责任、数据使用的权利，并达成有法律保障的协议。第三，为保障资源整合系统的有序管理、安全监控、节约成本，云服务机构需要向图书馆的用户询问身份和得到其相关权限许可。第四，云数据库应在不涉及改变数据检索、利用、反馈方式的前提下，开发更符合市场需求的数据存储、评估和智能化搭建数据模型的能力。

4.以图书馆大数据服务保障为目标

图书馆的特色服务的受众是广大的学习者，他们带有鲜明的、不同的社会属性，所以图书馆数据服务也相应地要具有社会特质，以人为本。第一，图书馆应吸取传统信息技术环境下大数据资源整合的长处，将以数据中心硬件设备运营性能的能力的竞争，转变向图书馆大数据分析与个性化能力的竞争，也就是说，图书馆大数据整合应有效地把图书馆运营从大规模生产向实效个性化服务的转型。用准确、快速和高效的分析，判断学习者个性阅读需求变化，为其提供量身定制的个性化服务产品。第二，图书馆对不同终端设备采集的大数据资源要科学整合，这就需要在改善服务流程、提高针对服务时效与速度、推广营销管理政策、个性化用户服务数据等方面上台阶、上高度，高标准严要求。第三，图书馆大数据库内部数据和服务资源的整合，依据就是最终完成的用户大数据分析结果，高效实现用户服务内容和模式的定制与投放，这就要提升图书馆业务的深挖能力，提升以人为本的服务理念，提升用户对服务产品的适应性。第四，学习者的阅读习惯、阅读爱好、阅读种类、阅读情志等，都是有价值的数据，图书馆大数据整合要注重提升获取此数据的能力，还要多元化跨界与第三方大数据提供商、移动终端服务商深度合作，扩展数据传输服务的内核，依据数据分析结果判断所提供给学习者的服务是否准确、受用。

5.协调系统架构和优化数据整合

在图书馆运行的过程中会遇到大数据技术无法做到收集与分析相适应的情况，进而给图书馆在协调系统架构和优化数据整合上带来棘手的问题。产生这样问题的原因是在图书馆对于原始数据收集和分析时，由系统运行和终端服务器搜集的新数据种类与原始数据之间会产生差异。当大数据作为一个整体体现其利用价值时，一定要制订数据与系统结构统一的模式；另外，当设计人员构建一个大数据平台时，要尽量做到系统各个部分之间效率的最大化，将大数据的搜集、分类、处理，利用各个流程汇集成一个整体；建立完善的安全管理系统对数据库的运行有所保障，通过智能的软件防火手段评估和规避风险；大数据平台应用的优势在于简单的系统和管理方式，得益于便捷的系统，大数据平台充分利用信息的时效性，加速信息的流动和数据的交流。而对于平台的操作人员来说，便捷的管理方式和操作流程能为数据的结构管理提供最大的帮助；大数据整合的最终目的是推动图书馆信息化的发展，打造满足用户需求的新型图书馆。新型图书馆应以可持续发展的方式，推动信息的传播与交流，也为建立环保、便捷的大数据平台提供帮助。并且图书馆要为完善数据使用与信息共享方面的法律法规作出贡献，为数据在传播与交流的管理、控制、监督上提供保障。

当前如何运作图书馆的架构体系？如何入手管理用户之间的关系，为用户带来新内容、新思维，同时使用户享受来自图书馆的服务水准？这就要从数据组成是否具有科学性和使用价值，是否可以平等分享、易检索等方向深入研发。由此可看出，应用高级智能对价值密度不高的杂乱资源、集散资源进行分拣、清洗、转换、整合，使数据平台的资源结构趋于合理化，构建一个高价值高密度、可持续利用的基础信息技术资源体系是图书馆获得新的市场信息和洞悉能力，高效科学地提供满足个体用户差异化需求服务的关键。

正因如此，图书馆应该基于学习者的差异化需求和大数据资源的固有价值，创建一个庞大的管理平台和数据库集成系统。并且，图书馆应该根据用户的安全需求和差异设定与完善用户服务系统。对图书馆大数据资源的结构、数据格式、状态进行详尽的分析，有效地普及数据相通，减少直至杜绝信息孤岛，普及获取信息的横向与纵向，将图书馆的用户使用习惯、系统运营、数据管理进行有效的运作。

二、大学图书馆大数据资源共享

在大数据的时代背景下，尤其是学术、商业、工业乃至政府机构都开始着眼于大数据的问题，人类社会在不断进步中已经开始了不断探究大数据带来的数据的核心价值。人们在做出决策之时，通常会通过大数据的应用发现事物存在的内在联系，进行比对得出结论，最终用结论指导决策的制定。并且，人们可以查看大量的数据来对未来的情况进行预测。大学图书馆受益于庞大的数字服务。如果依靠开发大数据，它可以继续改进数字资源的创建并为用户提供更好的信息服务。因此，人们需要探索如何运用大量的思想和技术来解决大学数量资源分配问题。

（一）大学图书馆联盟的数字资源具有大数据特征

首先，通过加强大学图书馆数字化建设中大学图书馆用户对数字化服务的差异性需求。单独大学图书馆的数字化虽然并不具备"大数据"特征，但这些获取的数字资源已经具备"大数据"功能所拥有的一系列属性。其次，大学图书馆联盟的数字服务数量持续增长。随着大学图书馆中数字用户数量的增加，用户信息和信息的获取，大学生注册时提供的信息通常会创建数据，大学图书馆联盟的服务数据和数字信息产生的非结构化数据是一个超级数据集。最后，随着信息科技的进步，大学图书馆数字化服务信息数字用户的需求会持续增长，这并不只是在寻求数字服务的调用和其他一般信息服务，而是在寻求更深层次的数字资源的数据库和数据分析。大学图书馆联盟应该基于用户的差异化需求进行数字资源的信息服务方式的进步，从而更符合用户对数字资源的信息获取的需求。

（二）大数据时代大学图书馆数字资源共享的优势

1.数字资源优势

大数据能够将杂乱的数据集中整合成有利用价值的数据，并在这些数据中进行深层次的分析，开发出隐藏在数据中的巨大价值。大学图书馆中数字资源涵盖了电子书、期刊、数据库、音频、视频等常见的数字资源。相较于大学图书馆联盟，大数据应该匹配的是大学图书馆联盟的运行产生的全部资料数据。而采用云计算处理运营数据，精准地把控数据走向，并对今后的发展做出科学的规划，是大数据时代如何利用大学图书馆联盟大数据的重中之重。

2.海量数据产生的优势

在大学图书馆的运营和使用中，用户与系统之间会产生相当多的交互性数据，这样就大大加快了大学图书馆非结构化数据的获取速度。在数字资源的技术基础之上的移动网络的信息管理通道和多渠道服务内容为大学图书馆联盟的移动化提供了技术支持，如此看来，以自媒体、社交平台等差异化渠道服务所累积的带有个人化、用户终端的信息服务都将获取到海量的交互数据。应用这些交互数字服务以各种形式和组织方式分发给大学图书馆联盟系统管理的各种计划。整合在共同的依靠云技术的大型数据库中，大数据的开发是由云计算技术提供支持的，云计算技术可以颠覆传统概念中的图书馆，并使用云计算技术将数据集中在一起，形成大学图书馆联盟大数据的信息体系。

3.技术优势

如今的科技发展速度惊人，云计算技术的大数据正在为大学图书馆联盟提供可靠的数据平台。物理设备如屏蔽服务器、互通网络、硬件存储的差异化，不同的物理设备如何共享的问题都可以通过云计算技术中的虚拟化技术得到解决。合并大学图书馆联盟的现有硬件设备并使用硬件设备的集成运输。每所大学使用硬件中心将降低大学图书馆联盟的硬件成本，并为数字资源共享提供硬件保护，这都得益于云计算技术中的虚拟化技术。每所大学分散的自主数据库都可以通过云存储的技术汇总再分类，并交由云端进行资源的再调配，用户的资料与产生的数据也会进行动态分布，缩短了信息获取的时间。通过使用兼容的网络系统，大学图书馆联盟的技术管理部门对云计算网络进行了严密监控、防御，以巩固大学图书馆数字服务的数字安全性。

（三）大数据时代大学图书馆数字资源共享问题的解决策略

大学图书馆资源共享的运营和发展需要良好、合理、稳定的策略，这将为完善大学图书馆的资源共享提供有效的途径和思路。

1.大数据时代大学图书馆数字资源共享的建设策略

（1）管理层面

妥善、合理的建设策略是大数据资源共享这项系统化工程能持续走绿色、可持续道路的关键所在。正因如此，为符合时代要求的大学图书馆联盟建立管理机制非常重要，这个管理机制的责任主要是：①框定大数据架构，共享的机制和标杆；②负责数据汇总、存储版权、法律数据等内容；③负责在工作中维持、监管数据。在每所大学的终端设立基础的数据管理人员，他们将成为大数据运行的基本单位，重点主要是大学图书馆联盟数据管理系统的实施、完成主要规划和要求，并安排图书馆完成基础数据的收集、访问和审查，从而有效地完善大学图书馆数字资源的发展和建设。

（2）技术架构层面

从技术架构层面阐述大数据的含义，大数据是指根据海量数据中快速筛选有价值数据的技术构架。图书馆大数据技术架构用来分析和解决主要数据相关的存储、处理、研究和应用有关的问题。如何完善大数据的架构？既是一个长期性的基础内容，也是大数据的主体，大数据自下而上地逐层分级工作，首先基础是采集、汇总海量的主数据库，是对结构化、半结构、非结构化数据的收集与汇总；其次则是对已有数据的贮存；再次是将存储的数据消化、分解成有利用价值的大数据的集成、主数据库模型，并对数据审查、加密、备份；最后是完成可利用信息的查找、分类，并对数据作可视化、个性化处理。

（3）建设统一的大数据平台

大学图书馆联盟如果建立大数据平台，必须以整合过的大学已具备的数字资源，并在此基础上进行统一管理和部署。将云计算技术应用在大数据平台数字资源的采集中，可以汇总分类每所大学图书馆已具备的网络、硬件和主数据库，初步提取和索引来自每所大学图书馆的数字资源主数据库，将这些资源与大学图书馆建立关联，然后数据将会以逐级向上的形式汇集到大数据平台上。最后，为每个大学图书馆提供一个强大的云平台，以存储数字资源、数据查询和分析数据。

大型数据平台具有接收内置属性的服务架构，并根据定制信息的需求，差异化、个性化地传达给用户，向用户发送各种类型的数字服务。这样操作可以大大缓解在大学图书馆中数字化的资源浪费、信息孤岛、信息化安全等问题。推动向大学校园分配数字服务，并向需要数据服务的用户提供准确的服务。

2.大数据时代大学图书馆数字资源共享的运行策略

（1）数据运行方面

分散数据汇集而组成大数据，大学图书馆这样规模的信息共享对于大数据的时效性、精准度、安全能力有着严苛的要求，只有从构建制度、系统维护、主数据库等各方面严格把控，才能保证整个平台的平稳运行。

（2）技术运行方面

用来存储大学图书馆联盟的数字资源的有关设备、硬件与软件系统是运行的主要维护方式。关于硬件购买，有必要制订一个具有成本效益的方案。在平时，严格地坚持硬件维护。同时，建立灾难意外备份，确保大型数据库资料的保留。在软件程序方面，评估数据管理系统的使用、数据管理的访问、数据流的精准对接，以及采纳开发团队和用户的反馈意见等，对平台更新换代的能力的提升是非常重要的。要保存和存储活动信息，需要注意合适的数据存储对应合适的使用情况，确保数据的安全性和准确性，并确保用户能够有效且准确地进行反馈。

（3）网络运行方面

基于建立大规模管理平台的主要单位，利用现有科技对网络进行监管，最大限度地实现网络监管，组成网络系统，并及时阻止无用的网络建设，以免造成大量浪费。并且，完善网络监管，解决网络日常运作中的问题，并快速地反馈、处理、解决问题，降低因网络缺陷而导致数据遗失或查询阻碍。

（4）绩效管理和评估反馈方面

一个有效的绩效系统，可以将大数据平台的运行数据和问题按时展开评估，减少每所大学图书馆由于利益的冲突而消极隐藏、阻碍这些知识、资源的共享，是每所大学图书馆能达成共享的一个必要组成，所以建立绩效评估系统对于每个大学图书馆的利益冲突可以起到缓冲的作用。一个优秀的评估反馈系统，应该对大学图书馆联盟的大数据平台的各项数据的日常运行和安全提供保障，按时提出反馈信息。大数据管理应有能力收集每所大学和用户在平台上的使用情况数据，一旦有问题发生，要在第一时间快速处理问题，并准确地修正问题带来的影响。

3.大数据时代大学图书馆数字资源共享的安全策略

（1）数据的安全制度建设

当建立大型数据平台时，依据国家机构拟定安全法则并合法保护进行图书馆数字平台共享的大学。并且，平等建立高标准数据平台的安全操作规范和标准。充分和有效的规则将最大限度地降低大学图书馆成员间的矛盾，以使平台安全顺利地运行。还有必要发展一个基于大学图书馆联盟的数字资源保护合作制度，为保护全球大学图书馆联盟提供模板，确保从体制上降低大学图书馆联盟能影响平台安全运行的隐藏漏洞。

（2）加强安全监控能力建设

确保大数据平台功能的日常可用性，数据监控和出口流程的性能，并对分配的数字资源进行标准评估，确保运行的安全性。在为大学建立高水平数字平台的基础上，在大型数据库中建立必要的安全措施。如果平台的某部分显示安全警报，则立刻将问题部分从整个平台孤立起来，最大限度地保护数据平台的主体安全。

（3）普及数据安全防范意识

在大数据为人们带来便利时，大学图书馆联盟的工作人员有义务对数据资源树立安全意识与责任感，大学图书馆联盟能汇聚数字化的资源，成为一个知识的殿堂，对这些数据加以合理利用能够对各个学科的发展做出指导、规划，并且推动科研技术的进步。确保数据管理人员的素质、数据管理人员的整体环境和安全理念，以及所有数字资源的安全意识，人们可以充分促进高校数字科学研究机构的发展。

大学图书馆联盟资源共享的建立本身就体现了大数据技术能够打破地域、时间、类型限制的优良特点，通过云技术实现信息的高效互通，并且经过大数据整合的信息数据的可利用价值被大大普及了。利用优秀的数据技术完善大学图书馆平台，可实现大学数字化服务的分布。在大学图书馆联盟建立数字资源分配时应侧重三个角度：①建立一个完整的运行系统。大数据开发是一个有组织的、有计划的工程。一套完整的应用程序应以推动数字资源创建过程的所有环节的可持续发展为基础，在有完善尖端构架的前提下，才能确确实实地做到信息、资源的整合；②创建一套标准的构筑模式。建立各个数据类型的模板，让各种资源相通成为现实，这是资源共享的基础；③共享平台的意义在于数据的汇集与转移，即一种流通性，基于大数据技术的平台能实现这种流通性。

三、大学图书馆大数据检索服务

（一）大学图书馆检索难题

专家认为，大量信息的涌入将对社会已有的传播知识、利用知识的图书馆性质的机构产生影响。由于传统方式的图书馆资源的庞杂和未经过整理性处理的信息分散各个数据库，学习者的获取难度增大，因此，科学地利用大数据是缓解这种问题的有效方法。

（二）现有检索技术及其优缺点

"联机公共检索目录"和"联邦检索"是现在我国大学普遍应用的两种索引技术。

1.联机公共检索目录

联机公共检索目录，是一种通过访问信息终端检索图书馆数据的方式，为学习者提供服务。联机公共检索目录最早出现在20世纪末，基于印刷行业发展的理论，这种检索有效地利用了纸媒的性质，继续应用了目录式的设计方式。提供与目录比对的方式为学习者找到需求内容。网络的应用普及后联机公共检索目录第二代也得到了广泛应用并做出了与时俱进的创新，优化了搜索方式以及信息化。

联机公共检索目录系统明显地变革了学术方面的检索技术。第一，联机公共检索目录界面为学习者展示了一个便捷的操作空间；第二，联机公共检索目录培养学习者通过数据检索获得信息的能力；第三，联机公共检索目录目录为简化分类网络信息资源指出了方法。

2.联邦检索

联邦检索允许用户通过使用适用的搜索申请，通过某种特定的方法转换后发送到多个网络信息中心中，检索结果自动或者以用户选择的排列方式，以精练且极小重复地显示出来。随着技术进步与检索理念深入，学术资源的整合检索在联邦检索技术与联机公共检索目录结合下变得高效简捷，大大提升了学科观点的运用度。

国外有关学者认为，联邦检索虽是行业翘楚，但在检索平台间日益剧增的复杂性和缺乏统一性等问题根本不能解决，在使用过程中暴露出一些无法克服的漏洞，比如同时有多个处理器进行搜集信息，会导致联邦检索的结果反馈缓慢，一次的联邦检索只能接收20~30条数据信息反馈，致使结果无法在真正意义上实现相关性排序和去重，且由于本地的信息中心检索性能和搜索能力局限性，图书馆也只能在自己认证的系统才能实现读者自主搜索功能，使联邦检索并不能改良搜索系统。考虑到联邦检索技术功能的缺陷，我国有关专家认为，下一次学术资源发展方向是以元搜索为基础的知识搜索系统。

四、大学图书馆个性化信息服务

伴随着信息技术的发展，国内大学图书馆的信息服务的发展方向也开始转变，差异化的个性服务逐渐被人们提倡。差异化的服务要求图书馆将信息收集分类，并对不同用户调整服务，使用户更加便捷地获取信息。这样的转变理所当然地会受到师生的欢迎。那么大学图书馆具体应如何针对用户制订不同的信息服务？如何满足差异化需求？如何彰显新时代信息服务的差异化特性？将是推进图书馆个性化信息服务的关键。

（一）个性化信息服务的发展限制

提供有差异的个性服务，应先了解用户想要在图书馆获得的信息种类、学科等要求。如今，通过发布问卷、电话咨询、用户反馈等方式提前得知用户的信息需求并开始分析已经是大图书馆的个性服务的普遍做法，针对相应的信息需求，再由负责各个学科的在馆工作人员向用户提供个性化服务。由于受连续信息需求等原因限制，开展个性化信息服务，感知用户真实的信息需求，传统个性化信息服务就存在明显不足。

1.无法获取用户真实的信息情境

以往的个性化信息服务模式获得用户需求存在问卷设计上不足、用户文化程度不同等带来的严重后果，因此，大学图书馆无法准确获取用户的信息需求，而这些偏差也严重影响了用户个性化信息服务的体验。

2.服务针对性尚且不足

大学图书馆个性化信息服务要取得良好的使用效果，在校师生是主体，必须及时针对在校师生的课堂教学进度、研究课题任务不断变化等相关信息需求情境实时地调整服务策略。然而在日常使用中，在校师生往往受时间、沟通不畅等各种因素的制约，无法及时向图书馆工作人员反映自己对信息需求的变化，致使大学图书馆的个性化信息服务与服务对象之间不相适应，差异化的个性服务达不到时效。

3.用户减少带来大量损失

一方面，大学图书馆利用大量馆内资源的优势，希望通过个性化信息服务方式更好地服务使用者；另一方面，个性化信息服务针对性不强，用户大量流失。

（二）个性化信息服务系统可行性

1.多种数据渠道

用户产生的行为数据大多数都可以被图书馆的信息服务系统所收集，如联机公共检索目录日志、用户借阅信息、电子资源的用户电子信息中心的使用痕迹、用户在基于主题的信息服务中使用与图书馆工作人员交互的信息、用户访问图书馆论坛的时间等。这种数据积累体现了用户信息情况需求的改变，这些行为数据有很高的整合和分析价值，可以及时把握用户现在的信息需求，为图书馆做出决定，执行个性化信息服务提供建议。

2.容易识别的目标群体

目标用户的身份识别对大学图书馆个性化信息服务系统而言，简易又有明显区分度，因为都是在校师生，信息都在本校图书馆登记过，对师生用户行为进行收集，对目标群体及时追踪，获得师生的信息行为，分析他们的信息需求，进而实现差异化的信息推送。

3.用户信息需求的实时感知

对于大学师生而言，他们的信息需求可以通过其在课堂教学、课题科研或学习方面相关的信息行为体现出来，通过后台服务器如实记录这些信息行为数据，可实时展现信息需求。

（三）个性化信息服务系统构建

1.系统构建目标

大学图书馆个性化信息服务系统在大数据环境下的构建目标：分析庞大网页的数量，在图书馆现有的信息服务平台模式的基础上，整合海量的已被请求用户产生的用户行为数据，即最终目的是通过对互联网上用户信息日志、临时对话、浏览习惯、检索痕迹，把握用户变化的信息需求，并以此开展针对师生用户的信息的个性化信息服务。

2.大学图书馆个性化信息服务模式

采用收集用户行为信息的方法掌握用户变化的信息需求，实现汇总、分析、利用的数据处理要求，满足包括数据收集、数据标准化、信息分析、信息过载和其他功能需求。

3.高校图书馆个性化信息服务系统模块功能

（1）数据集成模块

用户的信息行为数据并不统一地存放在图书馆数据中心里，所以该数据模块将用于汇总各种行为信息，这包括系统运行记录、各学科服务记录与反馈、馆内电子文献查阅记录等。将这些不同方式、行为、用途的行为信息相互联系并仔细分析，可以用来建立强大的数据整合模块。

第一，合成记录。不同服务提供商的系统信息中心的数据字段的格式和含义各不相同，图书馆又是不同服务提供商的产品系统。在大学，师生使用图书馆的资源，先办理具有编号的图书借阅证，这样就成为用户特有的标志，就能够收集用户差异化的行为信息并有效整合。

第二，数据规范。各种信息中心或网络协议中的信息保存和发布时的规范不尽相同，数据规范对这些具有不一样的名字，但具有相同意义的数据进行规范，增加信息准确度，以提高数据分析的准确性。

第三，数据清理。数据清理模块主要用于清除垃圾数据、干扰数据和错误记录的。经过合成记录模块和数据缩减模块处理的数据，以及每个用户在不同数据系统中的行为记录将被汇总到相同数据库中。这些相同的字段都是反复记录的，所以经过最后的处理只需要保留一条字段的相关信息属性；对于不完整遗失的数据信息需要完善，一些数据需要纠正，一些数值是需要离散化的实际值。

第四，数据变换。数据转化模块是通过等价聚合和数据泛化，将各个来源的基础数据的分析算法变化为适应数据利用需求的数据形式。

（2）信息分析模块

现在的大学师生有需要信息时，可通过手机在线进行社交网络查询，使用虚拟人际关系获得信息帮助，主要节点是人而非网页。这是非结构化信息，需要采取特殊的信息分析策略来进行有效分析。通过互联网搜索引擎会在服务器日志文件中留下使用痕迹，这是半结构化信息，恢复信息对用户的网络信息行为进行相关分析属于互联网日志分析模块功能范畴。通过图书馆获取资源，图书馆会采用相应的科学技术对用户的反馈信息、相关咨询等进行记录，以正规形式存储在对应的整合信息库中，属于结构化数据。

第一，结构化的信息分析模块。结构化信息具有固定和规范的数据格式，根据用户信息的行为对数据聚合和标准化数据执行数据挖掘操作，创建聚类，并在数据挖掘后对相关数据进行分类。用户被划分为不同的视点以识别各个用户中有相似信息行为和同一名用户在各个时间段内的信息检索记录。

第二，半结构化信息网络日志分析模块。互联网日志文件会翔实地保存用户访问网络服务器的数据，通过分析这些数据，用户当前的信息需求被快速准确地知道。数据处理模块主要用于清理有关数据，确认用户身份，减少无用信息导致的系统信息库膨胀。在访问互联网信息时，用户存在不通过网页上的链接功能访问页面的情况，即利用浏览器历史记录所产生的缓存达成间接访问的目的，路径模块的用途就是保存用户访问路径，并及时调用记录间接访问该路径。

在掌握用户需求的技术上，详细地记录网页的浏览次数以及每次的浏览时间是非常重要的。如果用户经常访问特定页面或长时间保留在特定网页上，那么该用户对于该信息或网页的兴趣程度就会被记录。访问统计模块、提供用户浏览相关页面的频率也会被记录。统计用户在浏览网页时的频率对于掌握用户的信息需求有重要的利用价值。

第三，移动信息分析模块应该适应手机发展以及新出现的平板电脑等设备，在如今终端设备获取信息要求快速、高效的社会中，在大学图书馆优化个性化服务的过程中，也要适应新终端带来的变化并拓展自身在自媒体中的服务渠道。该模块将用户在移动终端上的互联网浏览记录、行为记录加以分析，获取用户信息需求的方式是图书馆个性化服务的重点。

（3）信息匹配模块

移动信息分析模块的本质是移动类型的终端设备，用于收集用户在网络上的阅读记录和行为记录，推送每个用户差异化的定位、爱好和其他信息，以及其他用户感兴趣的信息。大学图书馆工作人员在信息匹配模块，以精确协调信息源满足用户的实时信息需求。

（4）信息推送模块

信息推送模块可以为各个用户之间的信息接收类型做出相应调整。系统推送给用户感兴趣的信息即后台推送模式：首先，用户阅读书籍或电子资源后，可以推荐给用户那些其他用户在浏览相关方面时的内容，具体推荐用户尚未搜索的信息源；其次，当用户使用图书馆学术服务时，用户首先根据数据分析的结果询问相关信息；最后基于将用户订阅的信息准时发送到用户使用的终端设备上。

（5）用户使用评价模块

个性化信息服务系统利用获取的庞大数据信息，识别用户的意图并将相关信息传送给用户。为了提高用户接收到相关信息时个性化信息服务的相关性和系统服务的准确性，用户可以直接评估通过评估模块接收到的信息，并将用户的评估数据自动存储在个性化信息库中。图书馆的工作人员未来在进行个性化信息服务时，需要以数据库中的行为信息为依据，有效提高个性化信息服务系统对服务的影响。

（四）运作个性化信息服务系统

1.个人隐私可能泄露

个性化信息服务系统可以采用以用户数据的分析利用的方式找到用户潜在的行为关联，对用户信息进行适当处理。但是为了更好地获取用户信息需求，用户信息系统会实时捕捉并记录用户信息，这对于用户的隐私安全来说存在着相当大的隐患。为了保护用户的隐私安全，在获取用户行为记录之前需要用户的许可，在数据分析之前必须清除用户数据涉及隐私保护信息，删除不与个性化信息服务相关联的数据，尽量避免损害或泄露用户隐私。

2.数据来源的控制

个性化信息系统的数据源大多限定在大学，对于用户在校园外的互联网信息，则必须通过与移动网络运营商进行商议合作才能获得。而且只有当用户上网记录达到一定积累且具备连续性时，才能通过个性化数据解析系统进行数据深层次整合，得到具有价值的用户信息需求特征。这些限制数据源在一定程度上降低了识别用户信息的准确性。

五、大数据时代大学图书馆渗入式服务

对于主要为教师和学生提供科学研究和教学，文学支持和文学信息服务的学术图书馆来说，现代信息社会之间的团队合作、跨学科合作，不断发展成为学术集成和专业交叉度更高的专门研究，多学科的文献和资料综合分析，以为科学研发等提供信息保障的大学图书馆将成为常态的日益明确的要求。面对这些趋势的出现，国内外图书馆都应该考虑如何满足时代的要求并从以文献为重点的图书馆，转变成以读者用户为重点的图书馆，严谨、及时地整合数据信息注入用户的科学研发过程，为专业人士提供学术化、规范化精练的服务。因此，掌握读者用户需求，提供时效性、专业性强的主流资讯，切入读者用户工作学习和居住环境的渗入式服务，被大学图书馆广泛使用。

（一）大学图书馆渗入式服务内容

渗入式技术动态表现在大学师生的日常教材工作和科研研发中。在21世纪初，现代信息技术的发展和人们获取信息网络、数字化，渗入式网络恢复和数字化服务在大学图书馆中发展迅猛，大学图书馆渗入式服务业已成为国际上主流的一类信息服务方式。

图书馆的将来在哪里？图书馆工作人员业务水平的重要性不可或缺，有关学者用旅游图书馆员、个人图书馆员、虚拟读者、信息工作者和联系人等的称呼来描述渗入式图书馆工作人员，并尝试运用工作人员的人脉网络和深厚专业知识服务于具体用户群体。通过物理空间、虚拟空间以及组织空间的植入，改变知识管理模型库，主动扭转图书馆不仅仅是"藏"信息资源，还要充分为读者用户需求转换使用文献信息资源，促进社会稳定和健康发展，重新塑造大学图书馆的"智库"价值形象。

国外有关专家指出：图书馆工作人员的借阅咨询式服务向渗入式服务转换是大势所趋。这是因为读者用户需要具有不同专业和学科的知识，这要求大学图书馆工作人员在日常工作中，不仅对图书馆馆藏具有知识积累，而且要对用户区域信息组织和信息分析能力比较熟悉和了解，通过使用渗入式知识提供图书馆服务，用"藏"在图书馆的知识有针对性地服务用户，满足读

者用户的阅读兴趣，把向读者用户提供信息转换为向用户提供知识。世界各地的大学图书馆都基于它们的学术长处和特长不断摸索渗入式服务的方法，从馆内推荐学科工作人员，向用户提供及时有效的咨询、学科索引、任务监控、科学论据检索和集成服务，充分调动参与教学的教师和学生在研究和学习之中的积极性。由于渗入式服务可以提高搜索数据的运用度，提高用户对图书馆服务的信誉度，所以在学术研究上有不可忽视的优势。

（二）践行大学图书馆渗入式服务

20世纪90年代，我国大学图书馆尝试在大学老师的教学科研项目上开展渗入式服务，虽然借鉴了国外渗入式服务理念，但是受限于当时的社会发展技术水平、服务理念，加之经验不足，开展服务多源于专业学科信息传送与推荐，并不能算是真正的渗入式服务。来到21世纪，我国大学图书馆广泛探索行之有效的图书馆渗入式服务。跟随社会科学技术进步，我国大学渗入式服务呈现百花齐放之势，笔者根据渗入式服务目标与流程不同，将其分为渗入科研研发中的服务、渗入平日教学工作中的服务、渗入普通读者生活中的服务与渗入政府与社会组织中的服务四种类型。

1.把服务渗入科研研发中

大学图书馆渗入式服务的主要功能是切入到科研项目互动中的渗入式服务。在科学研究期间，图书馆工作人员随时为科学研究人员提供时效性强的有关研究课题背景现状的资料、最新研究成果和学术新闻、撰写的专题研究技术热点报告，对研发机构及其国内外竞争对手实力及未来发展格局、市场占有率进行剖析和评估。

2.把服务渗入平日教学工作中

大学图书馆应有为师生及科研部门提供学术科技资料数据信息、培养熟练获取信息技能、提高学生自身学习利益等职能，让服务注入日常教学工作之中也是大学图书馆渗入式服务职责所在。这种服务模式可以是图书馆工作人员作为讲师来到学生课堂，还可以加入课堂教学平台网络中，高效地把获取的最新信息与专业课程相结合，将信息技术、信息课程教学内容、信息规范融入专业的教学课程，教师和图书馆工作人员协作，使学习者根据自己的学习目标，有效地获取各种学习资讯，熟练运用阅读、检索、实验等方法，自主搜集有针对性的信息，经归纳后使之产生新信息的生长点。

3.把服务渗入普通读者生活中

目前信息知识技术环节进一步深化，可获取无处不在的各种信息。而传统的知识信息中心的图书馆，只有迎难而上才能柳暗花明。组织开展一些汽车图书馆、自主图书馆满足读者用户日益增长的文化生活需求；利用互联网技术开展如移动图书馆、藏书馆等切入数字空间系统，有机结合注入软件开发技术的社会网络、读者的电脑桌面、阅读器、手机等移动终端，打造灵活便捷的阅读方式。图书馆渗入式服务向读者用户提供最新书讯、精品文章阅读、主流文化推荐、信息需求定制等一站式服务和其他娱乐程序，让用户对图书馆"念念不忘"，使图书馆服务渗入读者用户平常学习生活中，在任何时间里都可以有目的地阅读自己需求的知识，体验到个性化服务的实质。

4.把服务渗入政府与企业中

如今，各高校的图书馆都具有极其丰富并且专业性的资源，是高校提供文献与信息的中心，与此同时，图书馆人员不但具备检索和组织信息等专业性的服务素养，而且在高校图书馆开展、组织与积累学科服务的活动中，还积累了更为深刻的、更为专业的学科知识，相比于一些一般机构的信息服务人员来说，他们具有非常明显的优势，因此，高校图书馆在具有专业性的信息服务上具有一定的人才优势。高校图书馆为了增强对社会的开放力度，向社会公开了有关学习空间的内容和许多文献，还开办了相关活动。

（三）高校图书馆嵌入式服务发展趋势

1.服务更注重用户体验，服务呈现立体化、常态化趋势

图书馆的馆员通过嵌入式服务将各种信息提供给可能有需要的用户，这些知识与信息被推送到他们生活的方方面面。毫无疑问，这类针对性与专业性强、信息丰富的信息知识，对于用户来说是非常有价值的，但由于用户的信息接收途径、时间等个体喜好的不尽相同，图书馆在向用户提供产品的时候一味地按自身的方式服务，用户的体验感受无法在服务中得到体现与反馈，这与越来越强调用户体验的图书馆服务理念是相悖的，由此可见，现在嵌入式的服务已经具备一定的经验，相对来说已经很成熟了，在以后的服务

中，注重用户体验的嵌入式服务将是图书馆服务发展趋势之一。且在这个差异更大、更专业化、更知识化的用户需求背景下，嵌入式服务也需要与时俱进，更注重自身的发展方向与趋势，实现获取信息的及时性、多样性。

2.技术在服务中将发挥更大的作用

技术的产生、发展、运用总能推动着社会的进步。图书馆一直是善于运用信息技术的社会机构，从20世纪70年代的机器可读目录到20世纪末的元数据再到21世纪初的云计算、大数据，图书馆总能在探索中找到将它们应用于读者服务之中的方式、途径，且每一种新技术的出现都能促使图书馆升级服务的模式。对嵌入式服务来说，现在已有了从最早的将学科馆员嵌入到科研团队、教师课堂等环境之中，从为之提供相应的信息知识，到后来的通过工具插件嵌入到用户的桌面、浏览器、社交网络等，通过用户的信息定制、互动会话实现信息的嵌入推送服务。大数据时代的到来，推动技术在嵌入式服务中起到越来越大的作用，将会继续有关于分析信息或数据、发掘数据、发现新知识的大数据技术被应用到服务用户中去，通过分析、挖掘丰富的用户信息行为等数据实现对用户可能需要知识的深层揭示与提供。

随着大数据时代的到来，数据也将更趋近丰富化、多样化，对数据和真相的分析与认识需要管理平台和技术的保障，因而在知识环境下，进行所需信息的查找不如以前方便简单，图书馆也必须改变服务涉及的内容、用户和方法，用更开放的服务方式，融合运用各种技术手段、资源与人才，进入用户的学习与生活的方方面面，与之紧密相关，以随时提供服务。

参考文献

[1]李振华. 数字信息环境下图书馆信息资源建设与共享[M]. 北京：九州出版社，2013：10.

[2]教育部高等学校图书情报工作指导委员会. 高校图书馆发展蓝皮书2015[M]. 北京：高等教育出版社，2016：71.

[3]袁芳. 大数据环境下图书馆文献资源建设模式的变革[J]. 图书情报工作，2015，59（18）：91-94.

[4]曹学艳，张晓东. 全媒体环境下信息资源导论[M]. 成都：电子科技大学出版社，2017：49.

[5]顾红等. 高校图书馆灰色文献资源建设现状调查与思考[J]. 图书馆学刊，2017（1）：62-66.

[6]张秀. 信息资源检索与利用[M]. 北京：金盾出版社，2014：109-111.

[7]张永彬，杨佳祝. 全开放信息服务环境下高校图书馆期刊错乱架成因及对策[J]. 图书馆工作，2010（8）：42-43.

[8]郝朝军. 高校图书馆开架书库错、乱架问题深层次原因分析及对策新探[J]. 农业图书情报学刊，2009（1）：91-93，96.

[9]谭忠顶. 利用射频识别技术对图书馆乱架图书进行追踪和定位的研究[J]. 重庆图情研究，2010（1）：58-62.

[10]丁夫帝. 物联网技术对图书馆传统业务的影响[J]. 产业与科技论坛，2012（4）：135-136.

[11]赵红梅. 谈图书馆的档案管理数字化建设[J]. 兰台内外，2012（6）：53.

[12]王昊. 图书馆人事档案数字化建设的探索与实践[J]. 图书馆学刊. 2012，34（12）：30-31.

[13]甘露. 网络技术在图书馆管理中的应用探析[J]. 科技咨询，2016（4）：100-101.

[14]张琳. 网络技术支持下的图书馆图书管理[J]. 辽宁广播电视大学学报，2016（2）：117-118.

[15]孙骁骁. 射频识别技术在现代图书馆中的应用研究[D]. 天津：天津工业大学，2016.

[16]胡志杰. 浅谈射频识别在图书管理系统中的应用[J]. 中国电子商情：科技创新，2013（19）：94.

[17]马彦波. 浅析射频识别技术在图书馆应用的现状及存在的问题[J]. 科技情报开发与经济，2014（24）：48-49.

[18]方晓红，郭晓丽. 数字图书馆研究[M]. 天津：天津科学技术出版社. 2014.

[19]郑建明. 数字图书馆建设体制与发展模式[M]. 北京：科学出版社. 2017.

[20]谢发徽. 图书馆电子信息系统应用实践[M]. 北京：机械工业出版社. 2014.

[21]王珊. 王会举，覃雄派等. 架构大数据：挑战、现状与展望[J]. 计算机学报，2011（10）：1741-1752.